**Provisionamento
de Processos Judiciais
e Administrativos**

Provisionamento de Processos Judiciais e Administrativos

2017

Felipe Kietzmann

PROVISIONAMENTO DE PROCESSOS JUDICIAIS E ADMINISTRATIVOS
© Almedina, 2017
AUTOR: Felipe Kietzmann
DIAGRAMAÇÃO: Almedina
DESIGN DE CAPA: FBA
ISBN: 978-858-49-3219-1

Dados Internacionais de Catalogação na Publicação (CIP)
(Câmara Brasileira do Livro, SP, Brasil)

Kietzmann, Felipe
Provisionamento de Processos Judiciais e
Administrativos / Felipe Kietzmann. -- São Paulo :
]Almedina, 2017.
Bibliografia.
ISBN: 978-858-49-3219-1
1. Demonstração financeira 2. Direito empresarial
3. Governança corporativa 4. Processo administrativo
5. Processo judicial I. Título.

17-03968   CDU-34:338.93

Índices para catálogo sistemático:
1. Direito empresarial 34:338.93

Este livro segue as regras do novo Acordo Ortográfico da Língua Portuguesa (1990).

Todos os direitos reservados. Nenhuma parte deste livro, protegido por copyright, pode ser reproduzida, armazenada ou transmitida de alguma forma ou por algum meio, seja eletrônico ou mecânico, inclusive fotocópia, gravação ou qualquer sistema de armazenagem de informações, sem a permissão expressa e por escrito da editora.

Maio, 2017

EDITORA: Almedina Brasil
Rua José Maria Lisboa, 860, Conj.131 e 132, CEP: 01423-001 São Paulo | Brasil
editora@almedina.com.br
www.almedina.com.br

*Dedico este trabalho à minha família,
em especial à minha mãe, Tânia Freitas;
à minha esposa, Andressa Swistalski;
e à minha filha Victoria Kietzmann*

AGRADECIMENTOS

Este estudo é resultado de experiências diversas: profissionais, em escritórios de advocacia e departamentos jurídicos de empresas, e acadêmicas, culminando em meu Mestrado Profissional em Direito dos Negócios e Desenvolvimento na Escola de Direito da Fundação Getúlio Vargas.

Assim, inicio com sinceros agradecimentos aos meus antigos colegas do escritório Manhães Moreira Advogados Associados, onde iniciei minha formação como advogado, por terem me ensinado tanto. Em especial, agradeço Bruno Silveira, Camila Prioste, César Fernandes, Cristina Donadio, Fernando Trizolini, Ivan Castrese, Maurício Regado, Mario Comparato, Mirella Campelo, Orlando Ferraz, Rafael Federici, Regina Abbud, Ricardo Ciconelo, Roberto Poli, Rodrigo Squarcini, Sandra Miranda, Sylvie Boechat, Thiago Godinho e Tiago Sayão.

Agradeço também ao corpo docente da Escola de Direito de São Paulo da Fundação Getúlio Vargas, com especial menção ao Professor Mario Engler, pelo exemplo profissional e pela inspiração em perseguir novos caminhos para a produção acadêmica, ao Professor Wanderley Fernandes, pela sua abordagem conciliadora entre Direito e Contabilidade, e à Professora Daniela Gabbay, por me orientar na elaboração deste trabalho e pelas muitas e valiosas contribuições.

Por fim, agradeço ao pesquisador Osny da Silva Filho e ao colaborador Elcio Gozzi, que muito me apoiaram ao longo dessa trajetória.

SUMÁRIO

INTRODUÇÃO   11

1. CONCEITOS FUNDAMENTAIS PARA COMPREENSÃO DO TEMA   17
   1.1. O que é Contabilidade e o que são Demonstrações Financeiras   17
   1.2. Evitando Equívocos: Conceitos e Comparação de Institutos Similares   21
       1.2.1. O que são Reservas de Lucros e Provisões   21
       1.2.2. O que são Passivos, Passivos Contingentes e Provisões   27
       1.2.3. O que são Contingências e Provisões de Processos Judiciais e Administrativos   29

2. AS PROVISÕES NO CONTEXTO DO DIREITO SOCIETÁRIO E DA GOVERNANÇA CORPORATIVA   31
   2.1. Eficácia das Regras de Provisionamento: Força Vinculante e Aplicação às Sociedades Anônimas Abertas e Outros Tipos Societários   31
   2.2. A Perspectiva das Empresas: Atividades de Provisionamento pelas Funções Corporativas   35
       2.2.1. Competência e Responsabilidades dos Advogados e Contadores   35
       2.2.2. Competência e Responsabilidades das Diretorias Executiva, Financeira e Jurídica   37
       2.2.3. Breves Comentários sobre a Segregação de Funções   41
   2.3. A Perspectiva das Auditorias: Escopo e Limitações das Aprovações por Auditores Independentes   42

3. ANÁLISE DAS NORMAS DE PROVISIONAMENTO   45
   3.1. IFRS – Normas Contábeis Internacionais   45
   3.2. CPC – Normas Contábeis Brasileiras   47

3.2.1.	Introdução ao CPC	47
3.2.2.	Introdução ao CPC 25	48
3.3. CPC 25: Provisionamento e Divulgação de Passivos Contingentes		49
3.3.1.	Quando reconhecer uma Provisão	49
3.3.2.	Quando divulgar um Passivo Contingente	52
3.3.3.	Quais informações devem ser divulgadas obrigatoriamente	52
3.3.4.	Divulgação de Provisões e de Passivos Contingentes individualmente ou em classes	55
3.3.5.	O que significam as classificações de probabilidade – "Remoto", "Possível", "Provável" e "Praticamente Certo"	56
3.3.6.	Quais são os critérios de mensuração de valores de Provisões e de Passivos Contingentes	58
3.4. Aspectos Financeiros, Contábeis e Fiscais das Provisões		60

4. ANÁLISE CRÍTICA DAS NORMAS E PRÁTICAS
DE PROVISIONAMENTO — 63
   4.1. Processos Judiciais e Administrativos: Que Tipos de Demanda Devem Ser Provisionados — 63
   4.2. Quantificando Probabilidades: Como Atribuir Valores Percentuais aos Critérios de Classificação — 66
   4.3. Classificando Riscos: Como Orientar a Avaliação de Risco de Perda dos Processos Judiciais e Administrativos — 72
   4.4. Estimando Contingências: Qual Critério Deve ser Utilizado para Mensurar o Valor dos Passivos Contingentes — 80

5. PROPOSTAS DE BOAS PRÁTICAS DE PROVISIONAMENTO — 93
   5.1. Por que Complementar as Regras do CPC 25? — 93
   5.2. Diretrizes para o Estabelecimento de Boas Práticas — 96
      5.2.1. Estabelecer Competências e Segregar Funções — 96
      5.2.2. Implementar Procedimento e Formulário de Avaliação de Processos — 97
      5.2.3. Atribuir Valores Percentuais aos Critérios de Classificação de Risco — 98
      5.2.4. Estipular Critérios para Avaliar o Risco de Perda de um Processo — 98
      5.2.5. Estipular Critérios para Mensurar o Valor de um Passivo Contingente — 99

CONCLUSÕES — 101
ANEXO ÚNICO – PRONUNCIAMENTO TÉCNICO CPC 25 — 105
REFERÊNCIAS — 145

INTRODUÇÃO

Certamente, a avaliação dos riscos e dos valores relacionados aos processos judiciais e administrativos de uma companhia, visando reconhecer provisões e elaborar notas explicativas sobre passivos contingentes, é um item crítico para seus resultados e respectivas demonstrações financeiras e possivelmente representa o maior ponto de convergência na atuação das áreas jurídicas e contábeis corporativas. Trata-se de um conjunto singular de atividades, ademais, em que do advogado se exigirá conhecimentos contábeis, ao passo que do contador se exigirá conhecimentos jurídicos.

De início, não se pode deixar de contextualizar o reconhecimento de provisões e a divulgação de passivos contingentes como um elemento integrante da prática contábil, que efetivamente compartilha dos seus propósitos. Neste sentido, destaca-se o objetivo de permitir aos destinatários das informações a avaliação financeira da entidade, bem como, tendo estes dados como subsídio, inferir sobre as suas tendências[1].

São várias as partes a quem possam interessar as informações relativas a provisões e passivos contingentes, tais como outros elementos das demonstrações contábeis. Podemos destacar acionistas, investidores, financiadores, administradores, empregados, fornecedores, clientes, poder público, notadamente órgãos reguladores e de arrecadação tributária, e sociedade em geral[2].

---

[1] "O objetivo principal da Contabilidade, portanto, é o de permitir, a cada grupo principal de usuários, a avaliação da situação econômica e financeira da entidade, num sentido estático, bem como fazer inferências sobre suas tendências futuras." IUDÍCIBUS, Sérgio de *et al*. **Manual de contabilidade das sociedades por ações**. 6.ed. São Paulo: Editora Atlas, 2006. P. 301.

[2] FERNANDES, Edison Carlos; RIDOLFO NETO, Arthur. **Contabilidade aplicada ao direito**. São Paulo: Editora Saraiva, 2014. P.38.

Partindo do mais geral antes de adentrar para o mais específico, é certo que a toda sociedade interessam as informações financeiras das companhias[3]. Para corroborar essa afirmativa, basta avaliar o impacto que fraudes contábeis puderam produzir na economia mundial, como os notáveis exemplos da Enron e da WorldCom. Neste sentido amplo, a acuracidade das demonstrações pode ser vista como um dos pilares de sustentação do próprio mercado financeiro[4].

Já no que se refere aos acionistas, investidores e financiadores de forma geral, a correção do processo de provisionamento é fundamental para que se possam basear nas demonstrações contábeis para avaliar o risco do seu capital. Para sumarizar, todos os elementos de um balanço, dentre eles as provisões de processos judiciais e administrativos, são informações relevantes para avaliar a situação patrimonial da companhia, o que geralmente precede uma decisão de investimento, de qualquer natureza.

Conforme dados do Conselho Nacional de Justiça, há cerca de 105 milhões de processos judiciais ativos no Brasil[5], além de processos administrativos em diversos órgãos, notadamente fazendários, como Secretaria da Receita Federal do Brasil e Fazendas Estaduais e Municipais.

---

[3] Neste sentido, útil a lição do Comitê de Pronunciamentos Contábeis: "As demonstrações contábeis são elaboradas e apresentadas para usuários externos em geral, tendo em vista suas finalidades distintas e necessidades diversas. Governos, órgãos reguladores ou autoridades tributárias, por exemplo, podem determinar especificamente exigências para atender a seus próprios interesses. Essas exigências, no entanto, não devem afetar as demonstrações contábeis elaboradas segundo esta Estrutura Conceitual. (¶) Demonstrações contábeis elaboradas dentro do que prescreve esta Estrutura Conceitual objetivam fornecer informações que sejam úteis na tomada de decisões econômicas e avaliações por parte dos usuários em geral, não tendo o propósito de atender finalidade ou necessidade específica de determinados grupos de usuários." CPC 00, Pronunciamento Conceitual Básico (R1) – Estrutura Conceitual para Elaboração e Divulgação de Relatório Contábil-Financeiro.

[4] "Os resultados da análise são comprometidos, também, pelo fato de que os demonstrativos contábeis não sempre registrarem dados dignos de confiança. (...). Isso ocorre porque, infelizmente, boa parte do empresariado se preocupa em 'mascarar' a real situação da empresa, ou para reduzir montante do lucro (para pagar menos Imposto de Renda), ou para melhorar artificialmente a situação patrimonial da empresa (para fins de obtenção de crédito)." REIS, Arnaldo. **Demonstrações contábeis**: estrutura e análise. 3.ed. São Paulo: Editora Saraiva, 2014. P. 387.

[5] **Brasil tem hoje 10 milhões de processos judiciais correndo a mais do que em 2013**, de 11 de agosto de 2015. Disponível em: <http://blogs.oglobo.globo.com/ancelmo/post/brasil-tem-hoje-10-milhoes-de-processos-judiciais-correndo-mais-do-que-em-2013.html>. Acesso em: 15 out. 2015.

Dentro deste cenário, como seria de se esperar, as contingências relacionadas a ações judiciais e administrativas impactam consideravelmente as companhias nacionais, podendo até mesmo ultrapassar o valor do seu patrimônio líquido[6]. Para fazer referência a valores absolutos, podemos citar um estudo independente que estimou que as empresas brasileiras deveriam provisionar o alarmante valor de R$ 1,3 a 2,6 trilhões[7]. Apenas para referência, este valor ultrapassa a marca de 50% (cinquenta por cento) do Produto Interno Bruto do Brasil, de R$ 4,84 trilhões em 2014. As provisões e os passivos contingentes de ações judicias e administrativas, portanto, merecem especial atenção no âmbito brasileiro.

Como será visto neste trabalho, as provisões são parcelas extraídas do resultado das empresas que visam cobrir perdas ou despesas já incorridas, mais ainda não reembolsadas[8]. Na maior parte dos casos, as provisões são constituídas em relação a passivos com pequeno grau de imprevisibilidade quanto ao prazo e ao valor – muitas vezes, inclusive, com pequena dependência de eventos futuros externos à própria companhia, tais como provisões para pagamento de encargos trabalhistas ou aplicações de capital.

Quando se trata, porém, de reconhecer passivos contingentes relacionados a ações judiciais e administrativas, exige-se das companhias um trabalho metódico para mensurar objetivamente riscos e valores envolvidos, a despeito do grande número de variáveis envolvidas e da imprevisibilidade inerente ao complexo sistema jurídico brasileiro.

---

[6] Conforme estudo realizado entre as maiores empresas brasileiras de capital aberto em 2010, dentre 63 empresas que possuíam notas explicativas sobre passivos contingentes, quase 60% (37 empresas) possuíam passivos contingentes superiores a 10% do seu patrimônio líquido, sendo que quase 8% (5 empresas) possuíam passivos contingentes superiores a 100% do seu patrimônio líquido – tudo isso sem considerar os valores já provisionados. KNOBLAUCH, Sizabelle Cocco Alves Von. **Um estudo acerca da evidenciação das contingências nas maiores empresas de capital aberto do brasil**. Disponível em: <https://repositorio.ufsc.br/handle/123456789/120765>. Acesso em: 10 dez. 2014.

[7] "De acordo com o CNJ, atualmente, há no Brasil cerca de 65 milhões de processos não criminais (...). Fazendo uma média de condenação em cada tipo de processo obtivemos a quantia de cerca de R$ 2,6 trilhões. Entretanto, adotamos um cálculo um pouco mais conservador ao considerarmos um provisionamento de 50%". **Empresas têm de reservar R$ 1,3 tri para atender pleitos**, de 18 de Agosto de 2014. Disponível em: <http://www.contmatic.com.br/mais/contabil/314>. Acesso em: 15 nov. 2014.

[8] IUDÍCIBUS, **Manual de contabilidade** cit., p. 301.

Do ponto de vista prático, registrar uma provisão relativa a um processo judicial implica no reconhecimento pela companhia de que é "provável" que ela será sucumbente naquele litígio – em que pese resistir ao objeto da demanda, na medida em estiver exercendo seu direito de defesa[9]. Ora, se a companhia demandada não cede ao mérito da demanda, como poderá reconhecer aquele passivo, a ponto de efetivamente antecipar o impacto em seu resultado? As regras contábeis, como passaremos a expor, se prestam justamente a diferenciar a decisão administrativa de estar em litígio e o dever de reconhecer provisões e elaborar notas explicativas sobre passivos contingentes, com base em critérios e elementos objetivos.

Como será demonstrado ao longo do presente estudo, o tema de provisionamento e de notas explicativas de passivos contingentes, inclusive (mas não apenas) relacionados a processos judiciais e administrativos, é principalmente regulado pelo Pronunciamento Técnico nº 25, do Comitê de Pronunciamentos Contábeis, que se tornou obrigatório para as sociedades anônimas abertas por meio da Deliberação CVM nº 594, de 15 de setembro de 2009[10]. Destaca-se, ainda, que o Conselho Federal de Contabilidade reproduzir (com mínimos ajustes) aquela norma, por meio da Resolução CFC de nº 1.180, de agosto de 2009, que aprovou a Norma Brasileira de Contabilidade (NBG) de n º 25 ("NBG-TG 25").

Ao avaliar referidas normas, no entanto, podemos constatar certas omissões que dificultam o desempenho das atividades de provisionamento pelas empresas, as quais muitas vezes carecem de critérios objetivos e uniformes. Neste contexto, há a tendência de que cada companhia e mesmo cada profissional envolvido supra as lacunas de acordo com o seu próprio entendimento – ou ainda, o que é ainda pior, se valha da falta de clareza para agir conforme as conveniências, praticando o que se convencionou chamar de gerenciamento de resultados[11]. Afinal, seja por imprecisão, seja por mani-

---

[9] Destaca-se que há hipóteses de ações judiciais ou administrativas que se prolongam independentemente de resistência por parte da demandada, tais como ações de execução não embargadas e que permanecem insatisfeitas, por exemplo, por insuficiência patrimonial. Na maior parte dos casos, porém, e, sobretudo, entre partes solventes, a perpetuação da lide está diretamente relacionada à resistência da parte demandada.

[10] A delimitação da norma às Sociedades Anônimas Abertas e considerações gerais sobre outros tipos societários serão abordados no item 2.1, a seguir.

[11] "Os resultados da análise são comprometidos, também, pelo fato de que os demonstrativos contábeis não sempre registrarem dados dignos de confiança. (...) Isso ocorre porque, infelizmente, boa parte do empresariado se preocupa em 'mascarar' a real situação da empresa,

pulação voluntária, a realidade brasileira é de inconsistência entre as formas de provisionamento e de divulgação de notas explicativas de ações judiciais e administrativas entre as companhias[12].

Considerando, portanto, (i) a relevância e a representatividade dos litígios nos resultados das companhias brasileiras; e (ii) a maior complexidade para se mensurar objetivamente seus riscos e valores envolvidos, em oposição a outros passivos contingentes, o escopo do presente estudo é a análise crítica na norma de referência e proposta de boas práticas por parte das companhias para reduzir o impacto das principais omissões e controvérsias identificadas, no que for aplicável às ações judiciais e administrativas[13].

---

ou para reduzir montante do lucro (para pagar menos Imposto de Renda), ou para melhorar artificialmente a situação patrimonial da empresa (para fins de obtenção de crédito)." REIS, Arnaldo. **Demonstrações contábeis**: estrutura e análise. 3.ed. São Paulo: Editora Saraiva, 2014. P. 387.

[12] Apenas a título exemplificativo, após leitura livre de diversos balanços patrimoniais de algumas das maiores companhias brasileiras, de diversos segmentos, podemos reproduzir algumas inconsistências: atribuição de percentuais inadequados para risco de perda de processos – "Provisão (...) constituída mensalmente para fazer face às demandas judiciais oriundas de processos ajuizados contra a ECT. Valores definidos com base em pareceres da área jurídica, os quais têm como referência o grau de risco existente, classificados em perda provável (100%), possível (50%) e remota (0%)." (EBCT – Empresa Brasileira de Correio e Telégrafo, balanço patrimonial, 31.12.2005, P. 8); atribuição automática de determinado risco de perda de acordo com determinado estágio processual – "Em 31/12/2014, os Correios eram réu em outros 17.236 processos judiciais nas esferas cível, fiscal e trabalhista, com perda em primeira instância, ou seja, perda possível (...)" (EBCT, demonstrações financeiras 12.05.2015, P. 1.413); informação de avaliação de risco de perda contraditória em relação à decisão de provisionamento – "A Organização Bradesco vem discutindo judicialmente a legalidade e constitucionalidade de alguns tributos e contribuições, os quais estão totalmente provisionados, não obstante as boas chances de êxito, de acordo com a opinião dos assessores jurídicos." (Bradesco S.A., demonstrações contábeis, 28.04.2015, P. 169); decisão discricionária de provisionamento, a despeito da classificação do risco de perda – "As contingências equivalem ao valor principal dos tributos envolvidos em discussões administrativas ou judiciais (...). Tal valor é objeto de provisão contábil, independentemente da probabilidade de perda, quando se trata de obrigação legal (...)." (Itaú Unibanco Holding S.A., demonstrações financeiras, 31.03.2015, P. 128).

[13] O presente estudo abordará apenas ações judiciais e administrativas, ativas ou passivas – ou seja, que tenham a companhia na condição de autora ou ré, respectivamente, – mas somente quando implicarem em passivos contingentes, conforme definição abordada no item 1.2.2, a seguir. O presente estudo não focará, portanto, em ativos contingentes e suas regras de reconhecimento e de divulgação de notas explicativas.

Para tanto, no Capítulo 1, serão expostos os conceitos fundamentais; no Capítulo 2, serão avaliados aspectos societários e de governa corporativa; no Capítulo 3, serão analisadas as normas específicas relacionadas ao tema, com destaque para o Pronunciamento Técnico nº 25, do Comitê de Pronunciamentos Contábeis; e no Capítulo 4, serão realizadas críticas e interpretações particulares sobre as normas de provisionamento – as quais embasarão, finalmente, enunciados gerais de boas práticas de provisionamento de processos judiciais e administrativos que serão propostas no Capítulo 5, encerrando este trabalho.

Como se vê, o objetivo final deste trabalho não será apenas a compreensão das normas relacionadas ao tema e seus respectivos limites, mas sim a proposta de soluções aptas a serem efetivamente utilizadas pelas companhias em seu processo de provisionamento e de elaboração de notas explicativas de passivos contingentes decorrentes de ações judicias e administrativas.

1
Conceitos Fundamentais para Compreensão do Tema

1.1. O que é Contabilidade e o que são Demonstrações Financeiras

A contabilidade pode ser conceituada como um sistema de informação e de avaliação, a partir do qual os destinatários podem compreender a entidade em diversos aspectos, sobretudo financeiros[14].

Segundo especialistas, a escrituração mercantil é um costume longínquo, relacionado à necessidade dos comerciantes em registrar e compreender suas operações. Posteriormente, a lei teria vindo regulamentar este costume – com a diferença de se estar exigindo tais demonstrações tendo como destinatários certos terceiros, a exemplo de órgãos tributários, reguladores, credores e demais partes relacionados, e não apenas do próprio empresário.

Houve no Brasil um desenvolvimento tardio das ciências contábeis e demais temas da área comercial, em comparação com as nações mais desenvolvidas. Sobretudo a partir da década de 1930, com o efetivo processo de industrialização do país e as reformas educacionais promovidas pelo Governo de Getúlio Vargas, que a educação contábil ganhou destaque e iniciou seu processo de desenvolvimento[15].

---

[14] De acordo com a antiga definição do Instituto Brasileiro de Contadores – IBRACON: "A Contabilidade é, objetivamente, um sistema de informação e avaliação destinado a prover seus usuários com demonstrações e análises de natureza econômica, financeira, física e de produtividade, com relação à entidade objeto de contabilização." Pronunciamento Anexo à Deliberação CVM nº 29, de 05 de fevereiro de 1986 (revogada pela Deliberação CVM nº 539, de 14 de março de 2008).

[15] LEITE, Carlos Eduardo Barros. **A evolução das ciências contábeis no brasil**. Rio de Janeiro: Editora FGV, 2005. P. 242.

Até hoje, como veremos, a regulação da contabilidade no Brasil é esparsa, apoiando-se em bases *legais* (em sentido estrito), Código Civil e Lei das Sociedades Anônimas; *fiscais*, destacando-se o Regulamento do Imposto de Renda; e *regulatórias*, destacando-se as normas da Comissão de Valores Mobiliários.

As demonstrações financeiras representam a materialização da atividade contábil. Além de determinadas demonstrações que possam se prestar a uma finalidade específica, conforme requerimentos tais como de órgãos tributários ou reguladores, as demonstrações financeiras se prestam, genericamente, conforme lição do Comitê de Pronunciamentos Contábeis[16], a fornecer informações que sejam úteis para tomada de decisões econômicas e avaliações por parte dos seus destinatários.

Ainda segundo o Comitê, as demonstrações podem embasar decisões econômicas tais como: decidir quando comprar, manter ou vender instrumentos patrimoniais; avaliar a administração da entidade quanto à responsabilidade que lhe tenha sido conferida e quanto à qualidade de seu desempenho e de sua prestação de contas; avaliar a capacidade de a entidade pagar seus empregados e lhe proporcionar outros benefícios; avaliar a segurança quanto à recuperação dos recursos financeiros emprestados à entidade; determinar políticas tributárias; determinar a distribuição de lucros e dividendos; elaborar e usar estatísticas da renda nacional; regulamentar as atividades das entidades; etc.

Para atingir seus objetivos e favorecer o entendimento de determinados pontos patrimoniais e financeiros da entidade, as demonstrações podem ser apresentadas em diferentes formatos – sendo, conforme aponta a doutrina, todos eles relacionados entre si, somente enfocando certos aspectos da informação[17].

Haja vista que as demonstrações financeiras são elaboradas em linguagem essencialmente "numérica", muitas vezes insuficiente para total compreensão de certos aspectos (em geral, qualitativos), se determina o acréscimo de "notas explicativas", em forma discursiva[18]. A Lei das Socie-

---

[16] CPC 00, Pronunciamento Conceitual Básico (R1) – Estrutura Conceitual para Elaboração e Divulgação de Relatório Contábil-Financeiro. Disponível em: <http://www.cpc.org.br>. Acesso em: 10 de dezembro de 2014.
[17] FERNANDES, **Contabilidade aplicada** *cit.*
[18] LOBO, Carlos Augusto da Silveira. **As demonstrações financeiras das sociedades anônimas**. Rio de Janeiro: Editora Renovar, 2001. P. 84.

dades Anônimas indica, em rol não exauriente, diversos temas que devem ser objeto de notas explicativas[19], dentre os quais destacamos os eventos futuros "que tenham ou possam vir a ter" efeito relevante sobre a situação financeira e os próximos resultados da companhia.

O artigo 1.179 do Código Civil dispõe tão somente acerca da obrigatoriedade de que as sociedades empresárias sigam um "sistema de contabilidade" e a levantar anualmente um balanço patrimonial e um balanço de resultado econômico[20].

Já a Lei das Sociedades Anônimas, mais pormenorizadamente, dispõe sobre a obrigatoriedade de que a diretoria, ao fim de cada exercício social, elabore as seguintes demonstrações financeiras[21]:

(i) balanço patrimonial;
(ii) demonstração do fluxo de caixa;
(iii) demonstração do resultado do exercício;
(iv) demonstração dos lucros ou prejuízos acumulados; e
(v) se companhia aberta, demonstração do valor adicionado.

---

[19] "Art. 176. (...) § 5º As notas explicativas devem: (¶) I – apresentar informações sobre a base de preparação das demonstrações financeiras e das práticas contábeis específicas selecionadas e aplicadas para negócios e eventos significativos; (¶) II – divulgar as informações exigidas pelas práticas contábeis adotadas no Brasil que não estejam apresentadas em nenhuma outra parte das demonstrações financeiras; (¶) III – fornecer informações adicionais não indicadas nas próprias demonstrações financeiras e consideradas necessárias para uma apresentação adequada; e (¶) IV – indicar: (¶) a) os principais critérios de avaliação dos elementos patrimoniais, especialmente estoques, dos cálculos de depreciação, amortização e exaustão, de constituição de provisões para encargos ou riscos, e dos ajustes para atender a perdas prováveis na realização de elementos do ativo; (...)". (¶) b) os investimentos em outras sociedades, quando relevantes (art. 247, parágrafo único); (¶) c) o aumento de valor de elementos do ativo resultante de novas avaliações (art. 182, § 3º); (¶) d) os ônus reais constituídos sobre elementos do ativo, as garantias prestadas a terceiros e outras responsabilidades eventuais ou contingentes; (¶) e) a taxa de juros, as datas de vencimento e as garantias das obrigações a longo prazo; (¶) f) o número, espécies e classes das ações do capital social; (¶) g) as opções de compra de ações outorgadas e exercidas no exercício; (¶) h) os ajustes de exercícios anteriores (art. 186, § 1º); e (¶) i) os eventos subsequentes à data de encerramento do exercício que tenham, ou possam vir a ter, efeito relevante sobre a situação financeira e os resultados futuros da companhia." Lei Federal nº 6.404, de 15 de dezembro de 1976.

[20] "Art. 1.179. O empresário e a sociedade empresária são obrigados a seguir um sistema de contabilidade, mecanizado ou não, com base na escrituração uniforme de seus livros, em correspondência com a documentação respectiva, e a levantar anualmente o balanço patrimonial e o de resultado econômico." Lei Federal nº 10.406, de 10 de janeiro de 2002.

[21] Lei Federal nº 6.404, de 15 de dezembro de 1976. Artigo 176, *caput* e incisos I a V.

Diversos autores destacam a importância do balanço patrimonial, demonstração do fluxo de caixa e demonstração do resultado do exercício para fins de análise da entidade[22]. Dentre as espécies, seguramente o balanço desponta como demonstração mais familiar ao grande público – talvez inclusive pelo fato de que diversas empresas publiquem apenas o balanço patrimonial, a despeito da principal base legal de publicidade, qual seja, o artigo 133, inciso II e parágrafo terceiro da Lei das Sociedades Anônimas, não ensejar tal restrição[23].

Segundo diversos especialistas[24], o balanço patrimonial seria a demonstração financeira por excelência, apta a refletir inteiramente o patrimônio da companhia. Sob essa ótica, as demais demonstrações seriam somente meios de especificar determinados aspectos que já estariam sumarizados em balanço.

O balanço é demonstração que captura a situação patrimonial e a posição financeira de uma empresa em um determinado momento[25] – mais comumente, no encerramento do seu exercício fiscal. A demonstração é estruturada em dois grupos, ativos e passivos; o termo "balanço", inclusive, decorre do equilíbrio do patrimônio nesses dois grupos, sendo bens e direitos no primeiro ("ativos") e obrigações e participações no segundo ("passivos")[26].

---

[22] A título exemplificativo, SHENG, Hsia Hua (org) *et al.* **Introdução às finanças empresariais**. São Paulo: Editora Saraiva, 2012. P. 25.

[23] "Art. 133. Os administradores devem comunicar, até 1 (um) mês antes da data marcada para a realização da assembleia-geral ordinária, por anúncios publicados na forma prevista no artigo 124, que se acham à disposição dos acionistas: (...) II – a cópia das demonstrações financeiras; (...) § 3º Os documentos referidos neste artigo, à exceção dos constantes dos incisos IV e V, serão publicados até 5 (cinco) dias, pelo menos, antes da data marcada para a realização da assembleia-geral." Lei Federal nº 6.404, de 15 de dezembro de 1976.

[24] A exemplo de LOBO, **As demonstrações financeiras** *cit.*

[25] SHENG, **Introdução às finanças** *cit.*, p. 25.

[26] O equilíbrio é inerente à forma de demonstração dos valores e pode ser representado pela equação "Ativos = Passivos + Patrimônio Líquido". Em um balanço, o grupo de "ativos" é equivalente ao grupo de "passivos", com consequência direta em relação ao patrimônio líquido, que se refere às obrigações da empresa em relação aos seus proprietários (capital próprio); ou seja, quando o valor das obrigações com terceiros (passivos correntes e não correntes) ultrapassar o valor dos ativos (ativos correntes e ativos fixos), o patrimônio líquido será "negativo", de modo que será mantido o equilíbrio entre os dois grupos. Até 2010, nesses casos, a expressão "patrimônio líquido" deveria ser substituída por "passivo a descoberto"; a partir da Resolução CFC de nº 1.283, de 28 de maio de 2010, contudo, não há mais essa exigência.

De forma sintética, assim podemos indicar os elementos de um balanço:

(i) Ao lado esquerdo ("ativos"): ativo corrente e ativo fixo; e
(ii) Ao lado direito ("passivos"): passivo corrente; passivo não corrente; e patrimônio líquido.

Os ativos correntes são bens e direitos de curto prazo, tais como valores em caixa, aplicações financeiras, contas a receber, estoques, despesas antecipadas etc. Os ativos fixos são os bens e direitos de longo prazo, tangíveis e intangíveis.

Por sua vez, os passivos correntes são obrigações de curto prazo, tais como dívidas, impostos, salários, contas a pagar etc. Os passivos não correntes são obrigações de longo prazo (acima de um ano), tais como empréstimos e financiamentos, debêntures a pagar e impostos diferidos. Finalmente, o patrimônio líquido se refere às obrigações com os proprietários das empresas, notadamente acionistas, em se tratando de sociedades anônimas. Seus elementos são o capital social, as reservas de lucros e as reservas de resultados e os lucros ou prejuízos acumulados.

Como veremos a seguir, as provisões são contabilizadas no balanço patrimonial tal qual a obrigação cujo risco ela representa o seria – adicionando-se as razões acerca do seu registro. As provisões, portanto, impactam o balanço negativamente, da mesma forma que, se revertidas, afetariam positivamente[27].

1.2. Evitando Equívocos: Conceitos e Comparação de Institutos Similares

1.2.1. O que são Reservas de Lucros e Provisões

Conforme conceito trazido pelo artigo 182, parágrafo quarto, da Lei das Sociedades Anônimas[28], as reservas de lucros são constituídas pela apropriação de certos valores dos lucros da companhia para finalidades específicas, conforme demonstraremos.

---

[27] Os efeitos financeiros, contábeis e fiscais das provisões serão tratados no item 3.4, a seguir.
[28] "Art. 182. A conta do capital social discriminará o montante subscrito e, por dedução, a parcela ainda não realizada. (...) § 4º Serão classificadas como reservas de lucros as contas constituídas pela apropriação de lucros da companhia." Lei Federal nº 6.404, de 15 de dezembro de 1976.

A Lei das Sociedades Anônimas prevê seis espécies de reservas de lucros[29], quais sejam:

(i) Reserva legal, prevista no artigo 193 da Lei das Sociedades Anônimas[30], formada pela destinação obrigatória de 5% (cinco por cento) do lucro líquido do exercício, que não deverá exceder 20% (vinte por cento) do capital social, e que tem por finalidade assegurar a integridade do capital social[31], podendo ser utilizada somente para compensar prejuízos ou aumentar o capital;

(ii) Reserva estatutária, prevista no artigo 194 da Lei das Sociedades Anônimas[32], determinada em Estatuto Social, para qualquer finalidade, determinando-se a parcela anual dos lucros líquidos que serão destinados à sua constituição e o seu limite máximo;

---

[29] Além das reservas de lucros, aponta-se a existência das chamadas reservas de reavaliação, decorrentes da reavaliação dos ativos da companhia pelo seu valor de mercado. Lei Federal nº 6.404, de 15 de dezembro de 1976. "Art. 182. A conta do capital social discriminará o montante subscrito e, por dedução, a parcela ainda não realizada. (...) § 3º Serão classificadas como ajustes de avaliação patrimonial, enquanto não computadas no resultado do exercício em obediência ao regime de competência, as contrapartidas de aumentos ou diminuições de valor atribuídos a elementos do ativo e do passivo, em decorrência da sua avaliação a valor justo, nos casos previstos nesta Lei ou, em normas expedidas pela Comissão de Valores Mobiliários, com base na competência conferida pelo § 3º do art. 177 desta Lei."

[30] "Art. 193. Do lucro líquido do exercício, 5% (cinco por cento) serão aplicados, antes de qualquer outra destinação, na constituição da reserva legal, que não excederá de 20% (vinte por cento) do capital social. (¶) § 1º A companhia poderá deixar de constituir a reserva legal no exercício em que o saldo dessa reserva, acrescido do montante das reservas de capital de que trata o § 1º do artigo 182, exceder de 30% (trinta por cento) do capital social. (¶) § 2º A reserva legal tem por fim assegurar a integridade do capital social e somente poderá ser utilizada para compensar prejuízos ou aumentar o capital." Lei Federal nº 6.404, de 15 de dezembro de 1976. O tema também é tratado pela Deliberação CVM nº 183, de 19 de junho de 1995.

[31] Os doutrinadores interpretam a "manutenção do capital social" como uma proteção ao credor; neste sentido, destaca-se a obrigatoriedade de que a reserva seja utilizada para compensar prejuízos, sempre que estes persistirem após terem sido absorvidos os saldos de lucros acumulados e das demais reservas de lucros, conforme artigo 189, parágrafo único, da Lei das Sociedades Anônimas.

[32] "Art. 194. O estatuto poderá criar reservas desde que, para cada uma: (¶) I – indique, de modo preciso e completo, a sua finalidade; (¶) II – fixe os critérios para determinar a parcela anual dos lucros líquidos que serão destinados à sua constituição; e (¶) III – estabeleça o limite máximo da reserva." Lei Federal nº 6.404, de 15 de dezembro de 1976.

(iii) Reserva para contingências, prevista no artigo 195 da Lei das Sociedades Anônimas[33], determinada pela assembleia-geral, por proposta dos órgãos de administração, visando compensar a diminuição de lucro em exercício futuro, decorrente de perda julgada provável, cujo valor possa ser estimado;
(iv) Reserva de incentivos fiscais, prevista no artigo 195-A da Lei das Sociedades Anônimas[34], determinada pela assembleia-geral, para segregar a parcela do lucro líquido decorrente de doações ou subvenções governamentais para investimentos, que poderá ser excluída da base de cálculo do dividendo obrigatório;
(v) Reserva de retenção de lucros, prevista no artigo 196 da Lei das Sociedades Anônimas[35], determinada pela assembleia-geral, visando segregar parcela do lucro líquido prevista em orçamento para projeto submetido pelos órgãos de administração e já aprovado pela assembleia-geral; e

---

[33] "Art. 195. A assembleia-geral poderá, por proposta dos órgãos da administração, destinar parte do lucro líquido à formação de reserva com a finalidade de compensar, em exercício futuro, a diminuição do lucro decorrente de perda julgada provável, cujo valor possa ser estimado. (¶) § 1º A proposta dos órgãos da administração deverá indicar a causa da perda prevista e justificar, com as razões de prudência que a recomendem, a constituição da reserva. (¶) § 2º A reserva será revertida no exercício em que deixarem de existir as razões que justificaram a sua constituição ou em que ocorrer a perda." Lei Federal nº 6.404, de 15 de dezembro de 1976.
[34] "Art. 195-A. A assembleia-geral poderá, por proposta dos órgãos de administração, destinar para a reserva de incentivos fiscais a parcela do lucro líquido decorrente de doações ou subvenções governamentais para investimentos, que poderá ser excluída da base de cálculo do dividendo obrigatório (inciso I do caput do art. 202 desta Lei)." Lei Federal nº 6.404, de 15 de dezembro de 1976.
[35] "Art. 196. A assembleia-geral poderá, por proposta dos órgãos da administração, deliberar reter parcela do lucro líquido do exercício prevista em orçamento de capital por ela previamente aprovado. (¶) § 1º O orçamento, submetido pelos órgãos da administração com a justificação da retenção de lucros proposta, deverá compreender todas as fontes de recursos e aplicações de capital, fixo ou circulante, e poderá ter a duração de até 5 (cinco) exercícios, salvo no caso de execução, por prazo maior, de projeto de investimento. (¶) § 2º O orçamento poderá ser aprovado pela assembleia-geral ordinária que deliberar sobre o balanço do exercício e revisado anualmente, quando tiver duração superior a um exercício social." Lei Federal nº 6.404, de 15 de dezembro de 1976.

(vi) Reserva de lucros a realizar, prevista no artigo 197 da Lei das Sociedades Anônimas[36], determinada pela assembleia-geral, por proposta dos órgãos de administração, visando destinar a diferença entre o montante dos dividendos obrigatórios e a parcela realizada do lucro líquido do exercício, que poderá ser utilizada exclusivamente para pagamento de dividendos obrigatórios.

Dentre as espécies de reservas existentes, é relevante para o presente estudo a figura da reserva para contingências, item "iii", acima, prevista no artigo 195 da Lei das Sociedades Anônimas. O objetivo dessa reserva é segregar parte dos lucros de um determinado exercício (não distribuídos na forma de dividendos), para que se possa utilizar o valor para atenuar os efeitos negativos de um evento futuro cuja expectativa de ocorrer seja considerada "provável". Trata-se, antes de tudo, de uma medida de natureza *acautelatória* por parte da companhia.

Por sua vez, as provisões são parcelas extraídas do resultado das empresas que visam cobrir perdas ou despesas já incorridas, mas ainda não reembolsadas[37]. Diferentemente das reservas (que têm natureza acautelatória), as provisões para contingências estão relacionadas a fatos geradores que efetivamente já ocorreram dentro do exercício – sem que tenha havido, contudo, a perda e/ou o desembolso efetivo. As provisões podem ser constituídas para fazer frente a despesas esperadas[38]; desníveis de caixa; aplicações de capital; etc[39].

---

[36] "Art. 197. No exercício em que o montante do dividendo obrigatório, calculado nos termos do estatuto ou do art. 202, ultrapassar a parcela realizada do lucro líquido do exercício, a assembleia-geral poderá, por proposta dos órgãos de administração, destinar o excesso à constituição de reserva de lucros a realizar. (§) § 1º Para os efeitos deste artigo, considera-se realizada a parcela do lucro líquido do exercício que exceder da soma dos seguintes valores: (§) I – o resultado líquido positivo da equivalência patrimonial (art. 248); e II – o lucro, rendimento ou ganho líquidos em operações ou contabilização de ativo e passivo pelo valor de mercado, cujo prazo de realização financeira ocorra após o término do exercício social seguinte. (§) § 2º A reserva de lucros a realizar somente poderá ser utilizada para pagamento do dividendo obrigatório e, para efeito do inciso III do art. 202, serão considerados como integrantes da reserva os lucros a realizar de cada exercício que forem os primeiros a serem realizados em dinheiro." Lei Federal nº 6.404, de 15 de dezembro de 1976.

[37] IUDÍCIBUS, **Manual de contabilidade** *cit.*, p. 301.

[38] LOPES DE SÁ, Antônio; e LOPES DE SÁ, Ana Maria. **Dicionário de contabilidade**. 11.ed. São Paulo: Editora Atlas, 2009.

[39] É importante destacar que além das provisões em sentido amplo, aplicável às empresas em geral e para quaisquer tipos de contingências, a regulação pode estipular provisões específicas.

As provisões podem ser divididas em dois grupos[40]: provisões retificadoras das contas do ativo, tais como provisões para devedores duvidosos ou créditos de liquidação duvidosa, para perdas nos investimentos ou ajustes ao valor de mercado; e provisões para exigibilidades futuras, tais como provisões para pagamento de férias, décimo terceiro salário, imposto de renda e contribuições sociais – e, o que é mais relevante para o presente estudo, provisões para processos judiciais e administrativos.

Neste sentido, podemos citar uma execução fiscal promovida em face da companhia. Haja ou não matéria de defesa pela companhia, uma vez estimado o risco de perda como "provável", referido crédito deverá de imediato afetar o resultado daquele exercício – muito embora, face à possibilidade da companhia de garantir o juízo e exercer seu direito de defesa, poderá não haver desembolso até que se conclua o processo.

Segundo o sintético conceito do Comitê de Pronunciamentos Contábeis, uma provisão é "um passivo de prazo ou valor incertos"[41]. Ao avaliar, no entanto, as hipóteses de fatos que podem demandar provisionamento, sobretudo os processos judiciais e administrativos, nos parece essencial acrescentar outros dois elementos de incerteza à definição: a *existência* e a *exigibilidade* do passivo.

Ainda nos valendo do exemplo acima, em que uma execução fiscal é promovida em face da companhia, referente a créditos tributários supostamente não recolhidos dentro do período; o valor dos créditos tributários é líquido; vamos admitir, ainda, que a decisão definitiva do juiz acerca da defesa apresentada pela companhia está programada para uma data específica, de acordo com uma pauta de julgamento. Nessa hipótese, tanto o *prazo* quanto o *valor* do passivo estariam determinados – e, ainda assim, se trataria de uma provisão e não de uma despesa. Os elementos de diferenciação seriam a incerteza quanto à sua *existência* ou à sua *exigibilidade*.

Neste exemplo, a falta de *existência* seria configurada caso o juiz viesse declarar a *anulação* ou a *decadência* do crédito. Já a falta de *exigibilidade*, por

---

É o caso da "provisão para créditos de liquidação duvidosa", aplicável às instituições autorizadas pelo Banco Central do Brasil, e decorrente da classificação das suas operações de crédito, conforme Resolução de nº 2.682, de 21 de dezembro de 1999, do Banco Central do Brasil.
[40] BARROS, Adilson de *et al*. **Contabilidade na prática**. São Paulo: Trevisan Editora, 2014. P. 205.
[41] Comitê de Pronunciamentos Contábeis, Pronunciamento Técnico nº 25, de 26 de junho de 2009.

exemplo, poderia ser configurada caso o juiz viesse declarar a *prescrição* do órgão fazendário em relação ao crédito. Em ambos os casos, vê-se que a incerteza quanto à sua *existência* ou *exigibilidade* pode ser determinante para que um encargo seja caracterizado como uma provisão, independentemente da dúvida quanto ao seu *prazo* ou *valor*[42].

Assim, pelos fundamentos acima, propomos definir uma provisão como "um passivo de prazo, valor, existência e/ou exigibilidade incertos".

Pois bem. Haja vista a similaridade entre os conceitos de reserva para contingência e provisão, ao tratar em Nota Explicativa sobre a Disposição CVM de nº 59, de 22 de dezembro de 1986, que dispõe sobre a obrigatoriedade de elaboração e publicação da demonstração das mutações do patrimônio líquido pelas companhias abertas, a Comissão de Valores Mobiliários tratou de especificar pontos de diferenciação, dentre os quais destacamos os seguintes:

(i) Quanto ao objeto: as reservas para contingências visam cobrir perdas *potenciais*, ainda não ocorridos; ao passo que as provisões visam cobrir perdas cujo fato gerador *já ocorreu*, ainda que não tenha havido seu desembolso;

(ii) Quanto ao impacto contábil: as reservas para contingências são contabilizadas de forma segregada no patrimônio líquido, de modo que *não afetam* o resultado do exercício; ao passo que as provisões são contabilizadas como custos, despesas ou perdas extraordinárias, em atenção ao regime de competência, de modo que afetam o resultado do exercício;

(iii) Quanto à obrigatoriedade: as reservas para contingências *podem* ser realizadas e somente quando houver lucros passíveis de segregação ao final do exercício; ao passo que as provisões *devem* ser realizadas, independentemente de haver lucro ou prejuízo ao final do exercício; e

(iv) Quanto à destinação: as reservas para contingências serão revertidas para lucros acumulados em exercícios futuros e a perda (se ocorrer) será registrada no resultado do exercício; ao passo que as

---

[42] Os elementos que propomos incorporar à definição do Comitê de Pronunciamentos Contábeis, quais sejam, a incerteza quanto à sua existência e/ou à sua exigibilidade, guardam relação e podem ser resumidos pelo segundo dos três critérios de reconhecimento de uma provisão: a incerteza quanto à saída de recursos para liquidar uma obrigação.

provisões, em tese, não seriam revertidas, haja vista o fato gerador já ter ocorrido.

Especificamente em relação à destinação das provisões, conforme item "iv", acima, em que pese o tema não ter sido aprofundado pela Nota Explicativa da Comissão de Valores Mobiliários sobre a sobre a Disposição CVM de nº 59, de 22 de dezembro de 1986, destacamos que apesar de a provisão não ser, do ponto de vista conceitual, um lançamento *provisório*, na medida em que se relaciona a um fato gerador já ocorrido, há que se reconhecer que existirem hipóteses que justificam sua reversão.

Isso se deve ao fato de que as provisões necessariamente são estimadas, seja em relação ao *prazo*, ao *valor*, à *existência* e/ou à *exigibilidade*[43]. É certo que não se pode exigir precisão absoluta em qualquer estimativa que seja. Com certa frequência, portanto, podem ser frustradas estimativas referentes a *prazo* e/ou *valor*, demandando ajustes para mais ou para menos; e referentes à *existência* e/ou à *exigibilidade*, demandando ajustes para mais ou para menos – e até mesmo a reversão total de uma provisão corretamente constituída[44].

1.2.2. O que são Passivos, Passivos Contingentes e Provisões

Os passivos correspondem às obrigações *presentes* de uma entidade, provenientes de eventos passados, para cuja liquidação se espera que deverá haver uma saída de recursos. De acordo com a Lei das Sociedades Anônimas, os passivos devem ser classificados como "passivo circulante", quando vencerem dentro do exercício seguinte, e "passivo exigível a longo prazo", quando vencerem em prazo superior[45]. Dispõe a lei societária, ainda, que

---

[43] Neste sentido, considerar nossa proposta de definir uma provisão como "um passivo de prazo, valor, existência e/ou exigibilidade incertos", conforme exposto mais acima, neste mesmo item.

[44] O próprio Comitê de Pronunciamentos Contábeis reconhece a possibilidade de reversão de provisões, como se depreende do parágrafo 84, "d", do Pronunciamento Técnico CPC nº 25, em que se exige, dentre outros itens de divulgação de uma provisão, informar os "valores (...) revertidos" durante o período.

[45] "Art. 180. As obrigações da companhia, inclusive financiamentos para aquisição de direitos do ativo não circulante, serão classificadas no passivo circulante, quando se vencerem no exercício seguinte, e no passivo não circulante, se tiverem vencimento em prazo maior, observado o disposto no parágrafo único do art. 179 desta Lei."

quando o ciclo operacional da empresa tiver duração maior que o exercício social, a classificação terá como base o prazo deste ciclo.

De acordo com o Comitê de Pronunciamentos Contábeis[46], os passivos contingentes correspondem (i) às obrigações *possíveis* de uma entidade, provenientes de eventos passados, cuja existência será confirmada pela ocorrência ou não de um ou mais eventos futuros incertos; ou (ii) às obrigações *presentes* de uma entidade, provenientes de eventos passados, mas que não são reconhecidas porque (ii.1) não é provável que deverá haver uma saída de recursos para liquidação; ou (ii.2) o valor da obrigação não pode ser mensurado com confiabilidade.

Retomando o conceito de provisão, exposto no item anterior, como "um passivo de prazo ou valor incertos", conforme definição do Comitê de Pronunciamentos Contábeis, ou "um passivo de prazo, valor, existência e/ou exigibilidade incertos", conforme nossa própria definição, podemos concluir que, de fato, as provisões se enquadram no conceito de passivo contingente. Para fins contábeis, contudo, conforme determina o Pronunciamento Técnico CPC nº 25, aprovado pela Deliberação CVM de nº 594, de 15 de setembro de 2009, um passivo contingente deverá ser reconhecido como uma provisão quando, cumulativamente, (i) for provável uma saída de recursos para liquidação; e (ii) forem atendidos os critérios de reconhecimento, a seguir expostos.

Os critérios de reconhecimento de uma provisão – e que equivalem ao *enquadramento* de um passivo contingente como provisão – são os seguintes:

(i) Ser uma obrigação presente, resultante de um evento passado;
(ii) Ser provável a saída de recursos para liquidar referida obrigação; e
(iii) Poder ser feita uma estimativa confiável do valor da referida obrigação.

O Comitê de Pronunciamentos Contábeis, ainda, diferencia as provisões de outros passivos de liquidação futura[47], tais como contas a pagar e

---

"Art. 179. (...) Parágrafo único. Na companhia em que o ciclo operacional da empresa tiver duração maior que o exercício social, a classificação no circulante ou longo prazo terá por base o prazo desse ciclo." Lei Federal nº 6.404, de 15 de dezembro de 1976.

[46] Comitê de Pronunciamentos Contábeis, Pronunciamento Técnico CPC nº 25, item 10.

[47] Comitê de Pronunciamentos Contábeis, Pronunciamento Técnico nº 25, de 26 de junho de 2009, item 11.

passivos em geral derivados de apropriações por competência (*accruals*)[48], porque nestes casos a "incerteza" é relacionada ao passivo é menor. Em geral, ocorre o *reconhecimento da obrigação* por parte da entidade em relação às contas a pagar e aos passivos derivados de apropriações por competência.

1.2.3. O que são Contingências e Provisões de Processos Judiciais e Administrativos

No contexto da avaliação dos riscos e da mensuração dos valores que se fazem necessários em relação a cada processo judicial e administrativo, os termos *contingência* e *provisão* podem ser confundidos ou indevidamente utilizados.

O termo *contingência* significa "o que pode ou não suceder; eventual, incerto"[49]. Em sua acepção natural, portanto, o termo compreenderá tão somente a qualidade de *incerteza* em relação a qualquer acontecimento. Neste sentido, poderão ser contingentes (incertos) quaisquer negócios jurídicos, contratos, benefícios, prejuízos, ativos, passivos etc.

Não se pode ignorar que o discurso jurídico frequentemente empresta significados específicos a termos da linguagem natural, visando facilitar a comunicação entre os seus operadores[50]. Assim, neste contexto de avaliação de processos judiciais e administrativos para fins contábeis, a expressão *contingência* muitas vezes é empregada metonimicamente, em substituição a *passivo contingente*. As expressões, contudo, não podem ser tidas como sinônimos, sobretudo pela existência da figura do *ativo contingente*, também relevante no contexto dos reconhecimentos contábeis.

Um processo judicial pode ser resumido como um pleito perante o Poder Judiciário para que se decida sobre determinada pretensão. Ao avaliar um processo judicial – passivo, promovido contra a companhia, – os

---

[48] Os passivos derivados de apropriações por competência dizem respeito a obrigações decorrentes de eventos passados, mas que não tenham sido pagos, cobrados ou mesmo formalmente acordados, tais como em relação ao valor, prazo ou forma de pagamento, junto ao credor da obrigação.

[49] FERREIRA, Aurélio Buarque de Holanda. **Novo dicionário aurélio de língua portuguesa**. 3.ed. Curitiba: Editora Positivo, 2004. P. 536.

[50] O tema é objeto de análise da Semiótica Jurídica, que busca compreender o sentido linguístico das expressões empregadas no âmbito jurídico.

profissionais responsáveis procederão com a *avaliação de riscos* e a *mensuração dos valores* envolvidos[51].

Em apertada síntese, o valor total envolvido na demanda que se pôde calcular constituirá o *passivo contingente* – ou a *contingência*, para utilizar a forma que tem se difundido, – em relação àquele processo. A *provisão*, por sua vez, dependerá da *avaliação de riscos*: se se avaliar que o valor total envolvido na demanda corresponde a risco de perda "provável", a provisão corresponderá ao passivo contingente; se se avaliar, contudo, que somente parte do valor total envolvido na demanda corresponde a risco de perda "provável", a provisão corresponderá somente a essa parte; e se se avaliar, por fim, que nenhuma parte do valor total envolvido na demanda corresponde a risco de perda "provável", a provisão será igual a "zero".

Temos, portanto, que a *provisão* de um processo judicial poderá variar de "zero" até o valor estimado do *passivo contingente* – que, por sua vez, corresponde ao valor total envolvido na demanda. Desde já, podemos antecipar a conclusão de que faz sentido manter o controle de ambos os valores, *contingência* e *provisão*, em relação a cada processo judicial passivo promovido em relação à companhia.

---

[51] Referidas atividades serão introduzidas no item 3.3, a seguir.

2
As Provisões no Contexto do Direito Societário e da Governança Corporativa

2.1. Eficácia das Regras de Provisionamento: Força Vinculante e Aplicação às Sociedades Anônimas Abertas e Outros Tipos Societários

O Código Civil determina em seu artigo 1.179 que as sociedades empresárias são obrigadas a seguir um "sistema de contabilidade" e a levantar anualmente seu balanço patrimonial e balanço de resultado econômico[52]. O Código dispõe no artigo 1.188, ainda, que o balanço patrimonial da sociedade deverá exprimir "com fidelidade e clareza" sua situação financeira, indicando seu ativo e seu passivo[53]. Ambos os comandos estão inseridos no Título IV do Código Civil ("Dos Institutos Complementares"), integrante do Livro II ("Do Direito da Empresa") – não se limitando, portanto, a um tipo societário específico.

Observa-se, neste sentido, que de acordo com o Código Civil, a obrigação de seguir um "sistema de contabilidade" recai sobre todas as *sociedades empresárias*[54] – de modo que, de acordo com o conceito trazido pelos artigos 967 e 982, *caput* e parágrafo primeiro, do mesmo diploma[55], sua aplicação

---

[52] "Art. 1.179. O empresário e a sociedade empresária são obrigados a seguir um sistema de contabilidade, mecanizado ou não, com base na escrituração uniforme de seus livros, em correspondência com a documentação respectiva, e a levantar anualmente o balanço patrimonial e o de resultado econômico." Lei Federal nº 10.406, de 10 de janeiro de 2002.
[53] "Art. 1.188. O balanço patrimonial deverá exprimir, com fidelidade e clareza, a situação real da empresa e, atendidas as peculiaridades desta, bem como as disposições das leis especiais, indicará, distintamente, o ativo e o passivo." Lei Federal nº 10.406, de 10 de janeiro de 2002.
[54] FERNANDES, **Contabilidade aplicada** *cit.*, p. 48.
[55] "Art. 967. É obrigatória a inscrição do empresário no Registro Público de Empresas Mercantis da respectiva sede, antes do início de sua atividade."

estaria restrita às sociedades sujeitas a registro. Não estão abrangidas no conceito, vale destacar, as sociedades simples e as sociedades cooperativas.

No âmbito das sociedades anônimas, as regras contábeis foram pormenorizadas. Desde a promulgação da Lei das Sociedades Anônimas, as práticas contábeis deste tipo de sociedade já representavam a vanguarda – especialmente em face do que dispunha o artigo 177 daquele diploma, determinando a escrituração de acordo com a sua lei de regência e com os "Princípios de Contabilidade geralmente aceitos"[56]. Até então, as principais influências às práticas contábeis eram de natureza fiscal, em particular a legislação de Imposto de Renda[57]. Com a Lei das Sociedades Anônimas, positivou-se para o tipo a necessidade de observância dos Princípios de Contabilidade, *legitimando* ou pelo menos *reforçando* a uniformização promovida por órgãos de orientação, normatização e fiscalização da atividade contábil.

Por outro lado, há que se destacar o artigo 1.053, parágrafo único, do Código Civil[58], pelo qual as sociedades limitadas podem prever em seu Contrato Social a regência supletiva da sociedade limitada pelas normas das sociedades anônimas; e a Lei Federal de nº 11.638, de 28 de dezembro de 2007, que ampliou a aplicação das regras das sociedades anônimas acerca de escrituração, elaboração de demonstrações financeiras e obrigatoriedade de auditoria independente a sociedades de grande porte, independentemente do tipo societário[59]. De acordo com referida norma, são

---

"Art. 982. Salvo as exceções expressas, considera-se empresária a sociedade que tem por objeto o exercício de atividade própria de empresário sujeito a registro (art. 967); e, simples, as demais. (§) Parágrafo único. Independentemente de seu objeto, considera-se empresária a sociedade por ações; e, simples, a cooperativa." Lei Federal nº 10.406, de 10 de janeiro de 2002.

[56] "Art. 177. A escrituração da companhia será mantida em registros permanentes, com obediência aos preceitos da legislação comercial e desta Lei e aos princípios de contabilidade geralmente aceitos, devendo observar métodos ou critérios contábeis uniformes no tempo e registrar as mutações patrimoniais segundo o regime de competência." Lei Federal nº 6.404, de 15 de dezembro de 1976.

[57] IUDÍCIBUS, **Manual de contabilidade** *cit.*, pp. 28 e 29.

[58] "Art. 1.053. A sociedade limitada rege-se, nas omissões deste Capítulo, pelas normas da sociedade simples. (§) Parágrafo único. O contrato social poderá prever a regência supletiva da sociedade limitada pelas normas da sociedade anônima." Lei Federal nº 10.406, de 10 de janeiro de 2002.

[59] "Art. 3º Aplicam-se às sociedades de grande porte, ainda que não constituídas sob a forma de sociedades por ações, as disposições da Lei nº 6.404, de 15 de dezembro de 1976, sobre escrituração e elaboração de demonstrações financeiras e a obrigatoriedade de auditoria

consideradas de grande porte a sociedade ou o conjunto de sociedades sob controle comum que representarem ativo superior a R$ 240 milhões ou receita bruta anual superior a R$ 300 milhões[60].

Como exposto no item introdutório, o presente estudo tem como objeto central a regulação acerca de provisionamento e de notas explicativas de processos judiciais e administrativos, conforme normatização do tema pela Comissão de Valores Mobiliários. Para tanto, a principal norma analisada é o Pronunciamento Técnico nº 25, do Comitê de Pronunciamentos Contábeis, que se tornou obrigatório para as companhias abertas por meio da Deliberação CVM nº 594, de 15 de setembro de 2009, que substituiu a Norma e Procedimento Contábil nº 22 do Instituto dos Auditores Independentes do Brasil, anteriormente obrigatório pela Deliberação CVM nº 489, de 3 de outubro de 2005.

Do ponto de vista societário, a competência da Comissão de Valores Mobiliários se limita às companhias de capital aberto – necessariamente sociedades anônimas, conforme artigo 4º, *caput* e parágrafo primeiro da Lei das Sociedades Anônimas, cumulado com artigo 1º, parágrafo segundo, da Instrução CVM de nº 480, de 7 de dezembro de 2009[61]. Assim, tecnicamente, não haveria que se aplicar o presente estudo, por força do CPC 25, aos demais tipos societários[62]. Há, contudo, outros aspectos a serem avaliados.

---

independente por auditor registrado na Comissão de Valores Mobiliários." Lei Federal nº 11.638, de 28 de dezembro de 2007.

[60] "Art. 3º (...) Parágrafo único. Considera-se de grande porte, para os fins exclusivos desta Lei, a sociedade ou conjunto de sociedades sob controle comum que tiver, no exercício social anterior, ativo total superior a R$ 240.000.000,00 (duzentos e quarenta milhões de reais) ou receita bruta anual superior a R$ 300.000.000,00 (trezentos milhões de reais)". Lei Federal nº 11.638, de 28 de dezembro de 2007.

[61] "Art. 4º Para os efeitos desta Lei, a companhia é aberta ou fechada conforme os valores mobiliários de sua emissão estejam ou não admitidos à negociação no mercado de valores mobiliários. (...) § 4º Caberá à Comissão de Valores Mobiliários disciplinar o disposto no art. 4º e neste artigo, e fixar prazos para a eficácia desta revisão." Lei Federal nº 6.404, de 15 de dezembro de 1976.
"Art. 1º A negociação de valores mobiliários em mercados regulamentados, no Brasil, depende de prévio registro do emissor na CVM. (¶) § 1º O pedido de registro de que trata o caput pode ser submetido independentemente do pedido de registro de oferta pública de distribuição de valores mobiliários." Instrução CVM nº 480, de 7 de dezembro de 2009.

[62] V. item 3.2.1, a seguir, que trata sobre a competência do Comitê de Pronunciamentos Contábeis.

Em nosso entendimento, o principal ponto de atenção para as demais sociedades empresárias (não anônimas) recai na regulamentação exercida pelo Conselho Federal de Contabilidade, autarquia criada e regulada pelo Decreto-Lei de nº 9.295, de 27 de maio de 1946, e que tem como competência central orientar, normatizar e fiscalizar o exercício da profissão contábil, por meio dos Conselhos Regionais de Contabilidade.

Como vimos acima, foi o Conselho Federal de Contabilidade, por meio da Resolução CFC nº 1.055, de 7 de outubro de 2005, que criou o Comitê de Pronunciamentos Contábeis, visando o desenvolvimento de normas contábeis que levassem em consideração a necessidade de convergência com os padrões internacionais[63]. Ocorre que tão logo o Comitê publicou o CPC 25, o Conselho Federal de Contabilidade "replicou" aquela norma (com mínimos ajustes), por meio da Resolução CFC de nº 1.180, de agosto de 2009, que aprovou a Norma Brasileira de Contabilidade (NBG) de nº 25 ("NBG-TG 25"), regulando, portanto, provisões e passivos contingentes, tal qual pelo Comitê de Pronunciamentos Contábeis.

Se não houve, por um lado, positivação da NBG-TG 25 para demais sociedades empresárias, tal como a Comissão de Valores Mobiliários fez com o CPC 25 para as sociedades anônimas, por outro lado o Conselho Federal de Contabilidade possui competência para normatizar e fiscalizar o exercício da profissão contábil de forma ampla, inclusive no âmbito corporativo.

A rigor, portanto, são os *contadores* que estão sujeitos à sua regulação, sendo que sua inobservância constitui infração disciplinar, nos termos do Decreto-Lei de nº 9.295, de 27 de maio de 1946 e do Código de Ética Profissional do Contador – sendo certo que tais regras devem ser observadas no contexto de qualquer atividade contábil, inclusive quando em favor das sociedades empresárias. Indiretamente, portanto, se pode concluir que todas as sociedades estariam sujeitas às mesmas regras de provisionamento.

É discutível a eficácia da NBG-TG 25 em relação às demais sociedades empresárias, tais como as sociedades de responsabilidade limitada, tanto

---

[63] "Art. 3º O Comitê de Pronunciamentos Contábeis – (CPC) tem por objetivo o estudo, o preparo e a emissão de Pronunciamentos Técnicos sobre procedimentos de Contabilidade e a divulgação de informações dessa natureza, para permitir a emissão de normas pela entidade reguladora brasileira, visando à centralização e uniformização do seu processo de produção, levando sempre em conta a convergência da Contabilidade Brasileira aos padrões internacionais." Resolução CFC nº 1.055, de 7 de outubro de 2005. Ainda, v. item 3.2.1, a seguir.

do ponto de vista prático, quanto técnico. Do ponto de vista prático, seria necessário auditar certo número de sociedades para aferir se têm adequadamente reconhecido provisões e divulgado passivos contingentes em suas demonstrações contábeis. Já do ponto de vista técnico, há certos questionamentos pertinentes, tais como a adequação da coercibilidade às sociedades, haja vista sua limitação à figura do contador; a perspectiva de observância pelos demais profissionais envolvidos com o tema, tais como advogados e administradores; a legitimidade de competência do Conselho Federal de Contabilidade ao instituir ônus às sociedades empresárias, por meio de orientações técnicas ao exercício da função contábil; etc.

Para fins do presente estudo, não aprofundaremos a discussão acerca da obrigatoriedade das regras relativas a provisões e passivos contingentes para outros tipos societários que não as sociedades anônimas abertas. Sem prejuízo, como já se infere, podemos afirmar que os mesmos princípios que embasam as regras contábeis das sociedades anônimas igualmente norteiam a atividade contábil das demais sociedades empresárias. Vale dizer, que tudo quanto aqui descrito pode ser compreendido como cogente pelas sociedades anônimas abertas, e, no mínimo, como referência de boas práticas pelas demais sociedades empresárias.

2.2. A Perspectiva das Empresas: Atividades de Provisionamento pelas Funções Corporativas

2.2.1. Competência e Responsabilidades dos Advogados e Contadores

Como mencionado no item introdutório do presente estudo, a avaliação dos riscos e dos valores relacionados aos processos judiciais e administrativos de uma companhia, visando reconhecer provisões e elaborar notas explicativas sobre passivos contingentes, possivelmente represente o maior ponto de convergência entre as áreas jurídicas e contábeis corporativas.

Neste contexto, por se situar em área de intersecção entre mais uma competência funcional, é natural que ocorram dúvidas quanto às responsabilidades dos agentes de uma companhia; dentre elas, destacam-se: do ponto de vista funcional-profissional, quais as responsabilidades dos advogados e dos auditores; e do ponto de vista corporativo, quais as responsabilidades das Diretorias Executiva, Financeira e Jurídica.

Em relação aos advogados, temos que a Constituição Federal delegou à lei os limites da inviolabilidade dos atos e manifestações do advogado no exercício da sua profissão[64]. O Estatuto da Advocacia, por sua vez, restringiu aos advogados o exercício das funções contenciosa e consultiva – ou seja, respectivamente, à postulação a órgãos do Poder Judiciário e a juizados especiais; e às atividades de consultoria, assessoria e direção jurídicas[65].

Em relação aos contadores, o Decreto-Lei de nº 9.295, de 27 de maio de 1976, elencou os trabalhos técnicos de contabilidade[66] e as atribuições do Conselho Federal de Contabilidade[67], tendo sido regulamentado pelo Conselho Federal de Contabilidade, que, por sua vez, elencou minuciosa lista de quarenta e oito atribuições privativas dos contadores, com destaque para a escrituração de todos os fatos relativos aos patrimônios e às variações patrimoniais das entidades, bem como levantamento de balanços de qualquer natureza[68].

---

[64] "Art. 133. O advogado é indispensável à administração da justiça, sendo inviolável por seus atos e manifestações no exercício da profissão, nos limites da lei." Constituição Federal da República Federativa do Brasil, de 5 de outubro de 1988.

[65] "Art. 1º São atividades privativas de advocacia: (¶) I – a postulação a qualquer órgão do Poder Judiciário e aos juizados especiais; (...) II – as atividades de consultoria, assessoria e direção jurídicas." Lei Federal de nº 8.906, de 4 de julho de 1994.

[66] "Art. 25. São considerados trabalhos técnicos de contabilidade: (¶) a) organização e execução de serviços de contabilidade em geral; (¶) b) escrituração dos livros de contabilidade obrigatórios, bem como de todos os necessários no conjunto da organização contábil e levantamento dos respectivos balanços e demonstrações; (¶) c) perícias judiais ou extrajudiciais, revisão de balanços e de contas em geral, verificação de haveres revisão permanente ou periódica de escritas, regulações judiciais ou extra-judiciais de avarias grossas ou comuns, assistência aos Conselhos Fiscais das sociedades anônimas e quaisquer outras atribuições de natureza técnica conferidas por lei aos profissionais de contabilidade. (¶) Art. 26. Salvo direitos adquiridos *ex-vi* do disposto no art. 2º do Decreto nº 21.033, de 8 de Fevereiro de 1932, as atribuições definidas na alínea c do artigo anterior são privativas dos contadores diplomados." Decreto-Lei de nº 9.295, de 27 de maio de 1976.

[67] "Art. 6º São atribuições do Conselho Federal de Contabilidade: (...) f) regular acerca dos princípios contábeis, do Exame de Suficiência, do cadastro de qualificação técnica e dos programas de educação continuada; e editar Normas Brasileiras de Contabilidade de natureza técnica e profissional." Decreto-Lei de nº 9.295, de 27 de maio de 1976, com alínea "f" acrescida pela Lei de nº 12.249, de 11 de junho de 2010.

[68] "Art. 3º São atribuições privativas dos profissionais da contabilidade: (...) 9) – escrituração regular, oficial ou não, de todos os fatos relativos aos patrimônios e às variações patrimoniais das entidades, por quaisquer métodos, técnicos ou processo; (...) 15) – levantamento de balanços de qualquer tipo ou natureza e para quaisquer finalidades, como balanços patrimoniais, balanços de resultados, balanços acumulados ,balanços de origens de recursos, balanços de fundos, balanços financeiros, balanços de capitais, e outros." Resolução CFC nº 560, de 28 de outubro de 1983.

Pela análise das suas competências privativas, é possível concluir que caberá diretamente à figura do contador o julgamento dos "fatos" – tais como processos judiciais ou administrativos, – para sua correta escrituração, chegando, inclusive, ao próprio levantamento do balanço patrimonial, dentre quaisquer outras demonstrações financeiras. O próprio Comitê de Pronunciamentos Contábeis, no entanto, exige que sejam consideradas as "opiniões dos peritos" para que se avalie se um processo judicial constitui ou não uma obrigação presente[69], o que também é recomendado para mensuração do seu valor[70].

Quando se trata de um processo judicial ou administrativo, é natural que se atribua sua avaliação à figura do advogado – em especial, o próprio patrono do caso, que deverá conhecer não apenas as matérias de direito, mas também as de fato. Especificamente para as ações perante o Poder Judiciário, essa tendência beira à obrigatoriedade – na medida em que enquanto competisse privativamente ao advogado postular em Juízo, somente a ele caberia opinar sobre as causas em tal âmbito.

Ressalvada referida avaliação técnica, contudo, caberá privativamente ao contador a escrituração de todos os fatos relativos aos patrimônios e às variações patrimoniais das entidades, inclusive a provisão e a divulgação de passivos contingentes decorrentes de processos judiciais e administrativos.

2.2.2. Competência e Responsabilidades das Diretorias Executiva, Financeira e Jurídica

A análise de competência de diretorias funcionais[71] não pode ser respondida de pronto, pela simples leitura dos principais institutos do Direito

---

[69] "Em quase todos os casos será claro se um evento passado deu origem a uma obrigação presente. Em casos raros – como em um processo judicial, por exemplo –, pode-se discutir tanto se certos eventos ocorreram quanto se esses eventos resultaram em uma obrigação presente. Nesse caso, a entidade deve determinar se a obrigação presente existe na data do balanço ao considerar toda a evidência disponível incluindo, por exemplo, a opinião de peritos." Comitê de Pronunciamentos Contábeis, Pronunciamento Técnico nº 25, de 26 de junho de 2009, item 26.

[70] "As estimativas do desfecho e do efeito financeiro são determinadas pelo julgamento da administração da entidade, complementados pela experiência de transações semelhantes e, em alguns casos, por relatórios de peritos independentes. As evidências consideradas devem incluir qualquer evidência adicional fornecida por eventos subsequentes à data do balanço." Comitê de Pronunciamentos Contábeis, Pronunciamento Técnico nº 25, de 26 de junho de 2009, item 38.

[71] A expressão "diretoria funcional" é empregada para se referir às funções que cada um desses órgãos corporativos exerce, a exemplo das Diretorias Executiva, Financeira e Jurídica, citadas no título deste item.

Societário e das normas de provisionamento. Faz-se necessária uma breve análise sobre as atividades que compõem este processo e sobre as funções de cada um dos profissionais envolvidos.

Antes de chegar às figuras dos advogados e dos contadores, para fins de clareza, é conveniente retomar brevemente como a legislação societária dispõe sobre a gestão das empresas.

A Lei das Sociedades Anônimas estabelece que a companhia será administrada por uma Diretoria ou por uma Diretoria e um Conselho de Administração, conforme dispuser o Estatuto Social[72]. Em apertada síntese, compete ao Conselho de Administração a orientação geral dos negócios e a eleição, destituição e fixação e atribuições dos diretores[73]; e aos diretores a representação da companhia e a prática de todos os atos necessários ao seu funcionamento regular, podendo haver limites e especificações a estes poderes, conforme Estatuto Social e/ou deliberação do Conselho de Administração[74].

---

[72] "Art. 138. A administração da companhia competirá, conforme dispuser o estatuto, ao conselho de administração e à diretoria, ou somente à diretoria." Lei Federal nº 6.404, de 15 de dezembro de 1976.

[73] "Art. 142. Compete ao conselho de administração: (¶) I – fixar a orientação geral dos negócios da companhia; (¶) II – eleger e destituir os diretores da companhia e fixar-lhes as atribuições, observado o que a respeito dispuser o estatuto; (¶) III – fiscalizar a gestão dos diretores, examinar, a qualquer tempo, os livros e papéis da companhia, solicitar informações sobre contratos celebrados ou em via de celebração, e quaisquer outros atos; (¶) IV – convocar a assembleia-geral quando julgar conveniente, ou no caso do artigo 132; (¶) V – manifestar-se sobre o relatório da administração e as contas da diretoria; (¶) VI – manifestar-se previamente sobre atos ou contratos, quando o estatuto assim o exigir; (¶) VII – deliberar, quando autorizado pelo estatuto, sobre a emissão de ações ou de bônus de subscrição; (¶) VIII – autorizar, se o estatuto não dispuser em contrário, a alienação de bens do ativo não circulante, a constituição de ônus reais e a prestação de garantias a obrigações de terceiros; (¶) IX – escolher e destituir os auditores independentes, se houver." Lei Federal nº 6.404, de 15 de dezembro de 1976.

[74] "Art. 143. A Diretoria será composta por 2 (dois) ou mais diretores, eleitos e destituíveis a qualquer tempo pelo conselho de administração, ou, se inexistente, pela assembleia-geral, devendo o estatuto estabelecer: (...) IV – as atribuições e poderes de cada diretor. (...) § 2º O estatuto pode estabelecer que determinadas decisões, de competência dos diretores, sejam tomadas em reunião da diretoria. (...) Art. 144. No silêncio do estatuto e inexistindo deliberação do conselho de administração (artigo 142, n. II e parágrafo único), competirão a qualquer diretor a representação da companhia e a prática dos atos necessários ao seu funcionamento regular." Lei Federal nº 6.404, de 15 de dezembro de 1976.

Do ponto de vista puramente formal, desde já é possível concluir que compete à "Diretoria" da companhia o ato de constituir provisões e divulgar notas explicativas sobre passivos contingentes. Os deveres a que estão submetidos os administrador – em sentido amplo, abrangendo diretores e administradores, – estão elencados nos artigos 153 a 157 da Lei das Sociedades Anônimas, quais sejam, dever de diligência (artigo 153); dever de atuar segundo suas atribuições (artigo 154); dever de lealdade (artigo 155); dever de evitar situações de conflitos de interesses (artigo 156); e dever de informar (artigo 157).

É possível associar aspectos do dever de provisionamento e de elaboração de notas explicativas no âmbito de todos estes deveres, sobretudo em três, quais sejam:

(i) Dever de diligência[75]: dispõe que o administrador deve empregar o mesmo cuidado e diligência que um homem ativo e probo empregaria na condução dos seus próprios negócios;

(ii) Dever de atuar segundo suas atribuições[76]: dispõe que o administrador deve exercer as atribuições que a lei e o estatuto lhe conferem para atender os objetivos da companhia; e

(iii) Dever de informar[77]: dispõe, dentre outras obrigações, que o administrador deve comunicar imediatamente a Bolsa de Valores e o mercado, por meio da imprensa, sobre qualquer "fato relevante" que possa influir na decisão dos investidores sobre venda, compra ou exercício de quaisquer direitos relativos aos valores mobiliários da companhia.

---

[75] "Art. 153. O administrador da companhia deve empregar, no exercício de suas funções, o cuidado e diligência que todo homem ativo e probo costuma empregar na administração dos seus próprios negócios." Lei de nº 6.404, de 15 de dezembro de 1976.

[76] "Art. 154. O administrador deve exercer as atribuições que a lei e o estatuto lhe conferem para lograr os fins e no interesse da companhia, satisfeitas as exigências do bem público e da função social da empresa." Lei de nº 6.404, de 15 de dezembro de 1976.

[77] "Art. 157. O administrador de companhia aberta deve declarar, ao firmar o termo de posse, o número de ações, bônus de subscrição, opções de compra de ações e debêntures conversíveis em ações, de emissão da companhia e de sociedades controladas ou do mesmo grupo, de que seja titular. (¶) § 4º Os administradores da companhia aberta são obrigados a comunicar imediatamente à bolsa de valores e a divulgar pela imprensa qualquer deliberação da assembleia-geral ou dos órgãos de administração da companhia, ou fato relevante ocorrido nos seus negócios, que possa influir, de modo ponderável, na decisão dos investidores do mercado de vender ou comprar valores mobiliários emitidos pela companhia." Lei de nº 6.404, de 15 de dezembro de 1976.

O "dever de informar" se relaciona ao tema de provisionamento de forma imediata. O assunto também foi citado pela Lei de nº 6.385, de 7 de dezembro de 1976[78], e regulado pela Comissão de Valores Mobiliários, por meio da Instrução de nº 358, de 3 de janeiro de 2002. O tema é tão relevante que mesmo o Código Penal tipifica o crime de ocultação ou informação falsa ao mercado[79].

O "dever de diligência" incorpora o princípio do *bonus pater familiae*, proveniente do Direito Romano, que designa um padrão de comportamento responsável de um homem médio, independentemente de conhecimentos técnicos. Atualmente, a interpretação do dispositivo é mais abrangente, exigindo dos administradores não apenas uma conduta responsável, mas também técnica e profissional[80]. Finalmente, essa interpretação se comunica com o "dever de atuar segundo suas atribuições", na medida em que dá suporte à prática uniforme das empresas de estruturar sua Diretoria em núcleos de especialidade, alocando as "responsabilidades" de acordo com as "competências técnicas específicas".

É neste contexto, à luz dos deveres dos administradores, que podemos mencionar as típicas funções de Diretor Executivo ou Presidente; Diretor Financeiro; e Diretor Jurídico. É certo que os seus deveres e responsabilidades no que se relaciona à constituição de provisões e divulgação notas explicativas sobre passivos contingentes decorrem (i) formalmente, das atribuições instituídas pelo Estatuto Social e/ou pelas deliberações do Conselho de Administração; e (ii) materialmente, pela suas competências técnicas específicas – o que se coaduna com a interpretação mais ampla que atualmente se tem do "dever de diligência".

---

[78] "Art. 4º O Conselho Monetário Nacional e a Comissão de Valores Mobiliários exercerão as atribuições previstas na lei para o fim de: IV – proteger os titulares de valores mobiliários e os investidores do mercado contra: (¶) a) emissões irregulares de valores mobiliários; (¶) b) atos ilegais de administradores e acionistas controladores das companhias abertas, ou de administradores de carteira de valores mobiliários. (¶) c) o uso de informação relevante não divulgada no mercado de valores mobiliários." Lei de nº 6.385, de 7 de dezembro de 1976.

[79] "Art. 177 – Promover a fundação de sociedade por ações, fazendo, em prospecto ou em comunicação ao público ou à assembleia, afirmação falsa sobre a constituição da sociedade, ou ocultando fraudulentamente fato a ela relativo: (¶) Pena – reclusão, de um a quatro anos, e multa, se o fato não constitui crime contra a economia popular." Decreto-Lei de nº 2.848, de 7 de dezembro de 1940.

[80] PARENTE, Flávia. **O dever de diligência dos administradores de sociedades anônimas.** Rio de Janeiro: Renovar, 2005. PP. 51 e 52.

Assim, não havendo na legislação brasileira dispositivo que impute a uma determinada área funcional o ato de constituir provisões e divulgar notas explicativas sobre passivos contingentes, tais obrigações serão inerentes aos administradores aos quais competir dispor dos recursos da companhia e reportar seus resultados financeiros – que se dá, tipicamente, pelo Diretor Presidente e pelo Diretor Financeiro, em conjunto[81]. Por fim, quando o objeto do reconhecimento ou da divulgação se tratar de ações judicias ou administrativas, será necessário recorrer à opinião técnica dos advogados – os quais, conforme a estrutura da administração da companhia, serão internos ou externos, e em ambos os casos podendo se reportar a um Diretor Jurídico.

2.2.3. Breves Comentários sobre a Segregação de Funções
O Princípio de Segregação de Funções foi desenvolvido na área de Administração, mais especificamente nas especialidades Contábeis e de Controles Internos, e se refere à separação de atividades potencialmente conflitantes, muitas vezes associada a atos de fiscalização. São exemplos de atividades comumente segregadas pelas empresas a *contabilidade* e a *conciliação*; a *contratação* e o *pagamento*; e a *normatização* (gerenciamento de riscos) e a *fiscalização* (auditoria)[82].

A aplicação das competências privativas das funções dos advogados e contadores, tais como apresentado nos itens 2.2.1 e 2.2.2, acima, em que pese baseada em lei, não deixa de implicar em um estabelecimento mínimo de segregação de funções no que se refere ao processo de provisionamento e divulgação de passivos contingentes de processos judicias e administrativos.

No âmbito das companhias, portanto, é recomendável que se avaliem todos os agentes envolvidos no processo, a fim de, sempre que possível e

---

[81] Como referência, podemos citar a responsabilidade dos diretores presidente e financeiro, conforme o Sarbanes-Oxley Act. "CERTIFICATION OF PERIODIC FINANCIAL REPORTS. Each periodic report containing financial statements filed by an issuer with the Securities Exchange Commission pursuant to section 13(a) or 15(d) of the Securities Exchange Act of 1934 (15 U.S.C. 78m(a) or 78o(d)) shall be accompanied by a written statement by the chief executive officer and chief financial officer (or equivalent thereof) of the issuer." Sarbanes-Oxley Act, Section 906, Corporate Responsibility for Financial Reports.

[82] DA COSTA, Adilson Duarte. **A segregação de funções como postulado básico do controle interno administrativo e a confiabilidade das demonstrações contábeis**. Disponível em: <http://www.etecnico.com.br/paginas/mef22868.htm>. Acesso em: 10 out. 2014.

de acordo com os riscos identificados, se estabeleçam responsabilidades em atenção ao princípio em referência, como uma medida adicional de mitigação do gerenciamento de resultados.

2.3. A Perspectiva das Auditorias: Escopo e Limitações das Aprovações por Auditores Independentes

A auditoria das demonstrações financeiras por profissionais independentes é uma etapa relevante para as companhias, notadamente a partir da Lei de 11.638, de 28 de dezembro de 2007, que determinou a sua obrigatoriedade para empresas que têm capital aberto, atividades reguladas ou de grande porte, assim entendidas aquelas com faturamento acima de R$ 300 milhões ou patrimônio maior que R$ 240 milhões[83].

O Conselho Federal de Contabilidade regula a atividade de auditoria independente. A Norma Brasileira de Contabilidade P-1, aprovada pela Resolução CFC de nº 821, de 17 de dezembro de 1997, estabelece competências e diretrizes básicas para a atuação destes profissionais, notadamente a manutenção da sua independência[84].

No âmbito do mercado de capitais, a Comissão de Valores Mobiliários cita como exemplo de incompatibilidade a prestação do serviço de consultoria pela auditoria independente para a entidade auditada para estimar valores de provisões para contingências[85].

---

[83] A Lei em referência também introduziu a controversa obrigação de que as sociedades de grande porte, constituídas sob qualquer forma societária, publiquem os seus balanços em diários oficiais e jornais de grande circulação (obrigação anteriormente limitada às sociedades anônimas). A regra permanece vigente, a despeito de ser objeto de disputas judiciais, com destaque para a Ação Ordinária de nº 2008.61.00.030305-7, atualmente perante o Tribunal regional Federal da 3ª Região, proposta pela Associação Brasileira de Imprensas Oficiais – ABIO em face da União Federal, objetivando a declaração de nulidade do ofício circular DRNC nº 99/2008, que tornava a publicação das demonstrações financeiras das sociedades de grande porte "facultativa".

[84] "1.2.1 – O auditor deve ser independente, não podendo deixar-se influenciar por fatores estranhos, por preconceitos ou quaisquer outros elementos materiais ou afetivos que resultem perda, efetiva ou aparente, de sua independência." Norma Brasileira de Contabilidade P-1, do Conselho Federal de Contabilidade.

[85] "Art. 23 – É vedado ao Auditor Independente e às pessoas físicas e jurídicas a ele ligadas, conforme definido nas normas de independência do CFC, em relação às entidades cujo serviço de auditoria contábil esteja a seu cargo: (...) II – prestar serviços de consultoria que possam caracterizar a perda da sua objetividade e independência. (¶) Parágrafo único. São exemplos de serviços de consultoria previstos no 'caput' deste artigo: (...) determinação de valores para

A Norma Brasileira de Contabilidade TA-200, aprovada pela Resolução CFC de nº 1.203, de 27 de novembro 2009 ("NBC-TA 200"), orienta com mais detalhes suas atividades. De acordo com a norma, o objetivo da auditoria independente é de aumentar o grau de confiança nas demonstrações contábeis, a partir do momento em que contarem com a opinião do auditor que de foram elaboradas em conformidade com as regras contábeis pertinentes[86].

Há quatro espécies de parecer pela auditoria independente em relação às demonstrações financeiras, quais sejam: (i) parecer sem ressalva; (ii) parecer com ressalva; (iii) parecer adverso; e (iv) parecer com abstenção de opinião.

O "parecer sem ressalva" é emitido quando a auditoria independente pode concluir com base nas informações disponíveis que as demonstrações contábeis foram preparadas de acordo com os Princípios Fundamentais de Contabilidade e as Normas Brasileiras de Contabilidade e que há apropriada divulgação de todos os assuntos relevantes às demonstrações contábeis.

Em que pese a segurança adicional concedida pela aprovação sem ressalva pela auditoria independente de uma determinada demonstração financeira, é importante considerar as limitações inerentes a essa atividade[87]. Além das balizes relacionadas ao escopo de auditoria e à impossibilidade material de se conferir as operações que dão suporte às informações financeiras, há que se considerar o quanto que a auditoria independente se baseia em informações dos administradores[88] – os quais que permanecem

---

efeito de constituição de provisões ou reservas técnicas e de provisões para contingências". Instrução CVM de nº 308, de 14 de maio de 1999.

[86] "3. O objetivo da auditoria é aumentar o grau de confiança nas demonstrações contábeis por parte dos usuários. Isso é alcançado mediante a expressão de uma opinião pelo auditor sobre se as demonstrações contábeis foram elaboradas, em todos os aspectos relevantes, em conformidade com uma estrutura de relatório financeiro aplicável." Norma Brasileira de Contabilidade TA-200, do Conselho Federal de Contabilidade.

[87] "(...) um trabalho de asseguração razoável (auditoria de demonstrações financeiras) propicia um nível elevado de segurança, mas não absoluto, em decorrência das limitações inerentes do próprio processo de auditoria, cujas conclusões são atingidas por meio de evidência persuasivas e não conclusivas." LONGO, Cláudio Gonçalo. **Manual de auditoria e revisão de demonstrações financeiras.** 3.ed. São Paulo: Editora Atlas, 2015. P. 56.

[88] "Nesse processo de avaliação, o auditor independente deverá obter segurança razoável de que as demonstrações financeiras contábeis como um todo estão livres de distorção

responsáveis pelas informações contidas nas demonstrações contábeis e pelas declarações adicionais fornecidas.

relevante, independentemente se causadas por fraude ou erro, possibilitando assim que o mesmo expresse sua opinião sobre se as demonstrações contábeis foram elaboradas, em todos os aspectos relevantes, em conformidade com a estrutura de relatório contábil aplicável."
SILVA, Alexandre Alcantara da. **Estrutura, análise e interpretação das demonstrações financeiras.** 4.ed. São Paulo: Editora Atlas, 2014.

3
Análise das Normas de Provisionamento

3.1. IFRS – Normas Contábeis Internacionais

As normas internacionais de contabilidade denominadas IFRS – *International Financial Reporting Standards* são formadas por pronunciamentos publicados pela IASB – *International Accounting Standards Board*, órgão da Fundação IFRS. De acordo com a IFRS, seu principal objetivo é desenvolver um conjunto integrado de normas de contabilidade, que possam ser utilizadas globalmente[89].

A origem do IFRS remonta a 1973, quando foi estabelecido em Londres o IASC – *International Accounting Standards Committee*, por iniciativa de profissionais ingleses e americanos, estendendo o convite a membros de diversos outros países, como Canadá, Austrália, México, Japão, França, Alemanha, Holanda e Nova Zelândia[90].

A partir de 2000, fora estabelecida a estrutura pela qual a IASC, já na forma de fundação, baseada em Delaware, Estados Unidos da América, realizaria a nomeação de membros do IASB – *International Accounting Standards Board*; do IFRIC – *International Financial Reporting Interpretations Committee*; e do SAC – *Standards Advisory Council*.

Em 2001, finalmente, com interação dos demais órgãos, que oferecem, sobretudo, orientações para tratar divergências em relação aos enuncia-

---

[89] Conteúdo institucional IFRS, **Who we are and what we do**, de Janeiro de 2014. Disponível em: <http://www.ifrs.org>. Acesso em: 5 de dezembro de 2014.
[90] EPSTEIN, Barry J; e MIRZA, Abbas Ali. **IFRS – interpretation and application of international accounting and financial reporting standards**. Somerset: Wiley, 2005. P. 2.

dos emitidos, o IASB fora criado com a responsabilidade de produzir normas internacionais, visando uniformizar as demonstrações financeiras – a serem utilizadas em um mundo cada vez mais globalizado[91].

No ano de 2007, o Brasil estabeleceu um cronograma para adoção da IFRS, o que ocorreu formalmente com a promulgação da Lei Federal de nº 11.638, de 28 de dezembro de 2007. Já em 2005, porém, o Conselho Federal de Contabilidade, em sua Resolução CFC nº 1.055, de 7 de outubro de 2005, havia promovido a criação do Comitê de Pronunciamentos Contábeis visando a criação de normas contábeis que levassem em consideração a necessidade de convergência com os padrões internacionais[92].

De acordo com o Conselho Federal de Contabilidade, a uniformização com as normas internacionais implicaria em diversos benefícios, tais como redução do custo de capital; redução de riscos nos investimentos internacionais; e facilidade de comunicação internacional no mundo dos negócios, por meio de uma linguagem contábil mais harmônica.

O movimento brasileiro em direção às normas internacionais pode ser explicado por diversos aspectos, destacando-se a redução das taxas inflacionárias e a expansão do mercado de capitais, aumentando as perspectivas de investimentos estrangeiros no país[93]. É de se notar que referidas normas são baseadas mais em princípios gerais do que em regras específicas[94], visando, sobretudo, aprimorar a qualidade da informação contábil – inclusive de forma comparativa, entre as empresas de diversos países aderentes.

---

[91] "Diante desse cenário de internacionalização dos mercados, surge no ano de 2001 o IASB (*International Accouting Standard Board*), órgão independente que se destina ao estudo e elaboração de normas contábeis internacionais. Cabe ressaltar que o IASB é o sucessor do IASC (*International Accouting Standards Committee*), órgão que foi criado em 1973." RODRIGUES, Adriano; GOMES, Josir Simeone. **Contabilidade empresarial**: textos e casos sobre CPC e IFRS. São Paulo: Elsevier Editora, 2014.

[92] "Art. 3º O Comitê de Pronunciamentos Contábeis – (CPC) tem por objetivo o estudo, o preparo e a emissão de Pronunciamentos Técnicos sobre procedimentos de Contabilidade e a divulgação de informações dessa natureza, para permitir a emissão de normas pela entidade reguladora brasileira, visando à centralização e uniformização do seu processo de produção, levando sempre em conta a convergência da Contabilidade Brasileira aos padrões internacionais." Resolução CFC nº 1.055, de 7 de outubro de 2005.

[93] ANTUNES, Maria Thereza Pompa *et al*. **A adoção no brasil das normas internacionais de contabilidade IFRS: o processo e seus impactos na qualidade da informação contábil**. São Paulo: Revista de Economia & Relações Internacionais., volume 10, número 20, de Janeiro de 2012., da Faculdade de Economia da FAAP – Fundação Armando Alves Penteado.

[94] V. item 5.1, a seguir.

Destaca-se que no Brasil, portanto, o Comitê de Pronunciamentos Contábeis (CPC), criado pelo Conselho Federal de Contabilidade, por meio da Resolução CFC nº 1.055, de 7 de outubro de 2005, é um órgão já idealizado e capacitado para edição de normas locais alinhadas aos padrões internacionais.

O *International Accounting Standard* (IAS) de nº 37 é a principal norma internacional em relação ao reconhecimento e bases de mensuração de provisões e passivos contingentes. Ao emitir o Pronunciamento Técnico nº 25, aprovado em 26 de junho de 2009, o Comitê de Pronunciamentos Contábeis tomou a norma internacional como referência[95] – pelo que ainda que esta, por si só, não seja diretamente aplicável às empresas brasileiras, seus conceitos e interpretações pelos órgãos internacionais são úteis para melhor compreensão do tema.

3.2. CPC – Normas Contábeis Brasileiras
3.2.1. Introdução ao CPC

Conforme introduzido no item anterior, o Comitê de Pronunciamentos Contábeis (CPC), criado pelo Conselho Federal de Contabilidade, por meio da Resolução CFC nº 1.055, de 7 de outubro de 2005, já foi idealizado para edição de enunciados locais alinhadas aos padrões internacionais.

Além do Conselho Federal de Contabilidade (CFC), integram o órgão a Associação Brasileira das Companhias Abertas (Abrasca); a Associação dos Analistas e Profissionais de Investimento do Mercado de Capitais (Apimec); a Bolsa de Valores, Mercadorias e Futuros de São Paulo (BM&FBovespa); a Fundação Instituto de Pesquisas Contábeis, Atuariais e Financeiras (Fipecafi); e o Instituto dos Auditores Independentes do Brasil (Ibracon). Além dos membros, são convidados a participar dos trabalhos o Banco Central do Brasil; a Comissão de Valores Mobiliários; a Secretaria da Receita Federal; e a Superintendência de Seguros Privados[96].

---

[95] "O Pronunciamento foi elaborado a partir do IAS 37 – *Provisions, Contingent Liabilities and Contingent Assets* (IASB), e sua aplicação, no julgamento do Comitê, produz reflexos contábeis que estão em conformidade com o documento editado pelo IASB." Termo de Aprovação do Pronunciamento Técnico CPC 25 pela Coordenadoria Técnica do Comitê de Pronunciamentos Contábeis, de 26 de junho de 2009. A solução brasileira, incorporando a norma internacional sem maiores modificações, pode ser identificada como a tendência entre os países aderentes, a exemplo dos países que compõem a União Europeia, por meio do Regulamento de nº 1.725, de 29 de setembro de 2003.

[96] CPC, Conteúdo institucional. **Conheça o CPC**. Disponível em: <http://www.cpc.org.br/CPC/CPC/Conheca-CPC >. Acesso em: 10 dez. 2014.

O CPC emite três tipos de normas, quais sejam: Pronunciamentos Técnicos ("CPC"); Interpretações ("ICPC"); e Orientações ("OCPC"). É importante notar, conforme artigo 3º, da Resolução CFC nº 1.055, de 7 de outubro de 2005[97], que os Pronunciamentos Técnicos do Comitê possuem caráter estritamente técnico-orientativo, podendo assumir força obrigacional por meio da "emissão de normas pelas entidades reguladoras brasileiras".

Como vimos no item 2.1, acima, do ponto de vista societário o Pronunciamento Técnico nº 25, do Comitê de Pronunciamentos Contábeis (que será a seguir apresentado), se tornou obrigatório para as companhias abertas por meio da Deliberação CVM nº 594, de 15 de setembro de 2009.

Com efeito, podemos sustentar que a fundamentação legal para que seja atribuído caráter cogente às normas emanadas pelo Comitê se dá de forma mais robusta pela Lei Federal nº 11.638, de 28 de dezembro de 2007, que introduziu o artigo 10-A à Lei Federal de nº 6.385, de 7 de dezembro de 1976[98], autorizando expressamente a Comissão de Valores Mobiliários, o Banco Central do Brasil e as agências reguladoras a adotar pronunciamentos e demais orientações técnicas de entidades voltadas ao estudo e divulgação de princípios, normas e padrões de contabilidade e auditoria.

3.2.2. Introdução ao CPC 25

Para fins do presente estudo, focaremos nas regras de provisionamento dadas pelo Pronunciamento Técnico nº 25, do Comitê de Pronunciamentos Contábeis ("CPC 25"), que se tornou obrigatório para as companhias abertas por meio da Deliberação CVM nº 594, de 15 de setembro de 2009,

---

[97] "Art. 10-A. A Comissão de Valores Mobiliários, o Banco Central do Brasil e demais órgãos e agências reguladoras poderão celebrar convênio com entidade que tenha por objeto o estudo e a divulgação de princípios, normas e padrões de contabilidade e de auditoria, podendo, no exercício de suas atribuições regulamentares, adotar, no todo ou em parte, os pronunciamentos e demais orientações técnicas emitidas." Lei Federal de nº 6.385, de 7 de dezembro de 1976, com redação dada pela Lei Federal nº 11.638, de 28 de dezembro de 2007.
[98] "Art. 3º – O Comitê de Pronunciamentos Contábeis – (CPC) tem por objetivo o estudo, o preparo e a emissão de Pronunciamentos Técnicos sobre procedimentos de Contabilidade e a divulgação de informações dessa natureza, para permitir a emissão de normas pela entidade reguladora brasileira, visando à centralização e uniformização do seu processo de produção, levando sempre em conta a convergência da Contabilidade Brasileira aos padrões internacionais." Resolução CFC nº 1.055, de 7 de outubro de 2005, do Conselho Federal de Contabilidade.

que substituiu a Norma e Procedimento Contábil nº 22 do Instituto dos Auditores Independentes do Brasil ("NPC 22"), anteriormente aprovada pela Deliberação CVM nº 489, de 3 de outubro de 2005.

Ambas as normas são bastante similares, a tal ponto de terem sido textualmente mantidas no CPC 25 diversos dispositivos do NPC 22, bem como sua estrutura geral. Destaca-se, ainda, que tão logo o Comitê de Pronunciamento Contábil publicou o CPC 25, o Conselho Federal de Contabilidade "replicou" literalmente aquela norma (com mínimos ajustes), por meio da Resolução CFC de nº 1.180, de agosto de 2009, que aprovou a Norma Brasileira de Contabilidade (NBG) de n º 25.

O CPC 25 tem como objeto estabelecer *critérios de reconhecimento* e *bases de mensuração* a provisões e passivos e ativos contingentes, bem como regras para divulgação de *notas explicativas* suficientes para que os usuários possam compreender sua *natureza*, *oportunidade* e *valor*.

O Pronunciamento tem abrangência *residual* em relação a todas as contabilizações de provisões, passivos e ativos contingentes, exceto aquelas que (i) resultem de contratos a executar, não onerosos; e (ii) sejam cobertas por outros pronunciamentos técnicos, tais como instrumentos financeiros (CPC 38); contratos de construção (CPC 17); tributos sobre o lucro (CPC 32); benefícios a empregados (CPC 33); etc.

3.3. CPC 25: Provisionamento e Divulgação de Passivos Contingentes
3.3.1. Quando reconhecer uma Provisão

O CPC 25 manteve as definições do NPC 22 em relação aos termos mais relevantes para o presente estudo, quais sejam, *passivos, passivos contingentes* e *provisões*, bem como aos mesmos critérios de reconhecimento de uma *provisão* – tudo conforme conceituamos no item 1.2, acima.

De acordo com o Pronunciamento, portanto, um passivo contingente seria reconhecido como uma provisão se atendidos os seguintes critérios[99]:

(i) Ser uma obrigação presente, resultante de um evento passado;
(ii) Ser provável a saída de recursos para liquidar referida obrigação; e

---

[99] "Uma provisão deve ser reconhecida quando: (¶) (a) a entidade tem uma obrigação presente (legal ou não formalizada) como resultado de evento passado. (¶) (b) seja provável que será necessária uma saída de recursos que incorporam benefícios econômicos para liquidar a obrigação; e (¶) (c) possa ser feita uma estimativa confiável do valor da obrigação. (¶) Se essas condições não forem satisfeitas, nenhuma provisão deve ser reconhecida." Comitê de Pronunciamentos Contábeis, Pronunciamento Técnico nº 25, de 26 de junho de 2009, item 14.

(iii) Poder ser feita uma estimativa confiável do valor da referida obrigação.

A partir dos critérios acima, concluímos que são quatro os principais elementos de reconhecimento de uma provisão, quais sejam: (i) obrigação presente; (ii) evento passado; (iii) saída provável de recursos; e (iv) estimativa confiável do valor da obrigação.

De acordo com o CPC 25, assim podemos sumarizar referidos elementos:

(i) "Obrigação Presente" se refere a um compromisso em relação ao qual a entidade não possua *alternativa realista* senão liquidá-lo; para que se caracterize uma obrigação presente, a liquidação deve poder ser imposta legalmente; ou, em se tratando de obrigação não formalizada, deve haver expectativas válidas de terceiros em relação ao seu cumprimento;

(ii) "Evento Passado" se refere a qualquer ato que tenha originado uma obrigação; não se enquadram as despesas que devem ser incorridas para operar no futuro[100]; quando o evento for um contrato, legislação ou ação da lei, a obrigação decorrente será *legal*; e quanto o evento for uma ação, uma prática ou uma declaração que crie expectativa válida de cumprimento em terceiros, a obrigação decorrente será *não formalizada*;

(iii) "Saída Provável de Recursos" se refere à probabilidade de que para liquidação da obrigação seja necessária a saída de *recursos que incor-*

---

[100] Conforme exemplos fornecidos pelo Comitê de Pronunciamentos Contábeis: "São reconhecidas como provisão apenas as obrigações que surgem de eventos passados que existam independentemente de ações futuras da entidade (isto é, a conduta futura dos seus negócios). São exemplos de tais obrigações as penalidades ou os custos de limpeza de danos ambientais ilegais, que em ambos os casos dariam origem na liquidação a uma saída de recursos que incorporam benefícios econômicos independentemente das ações futuras da entidade. De forma similar, a entidade reconhece uma provisão para os custos de descontinuidade de poço de petróleo ou de central elétrica nuclear na medida em que a entidade é obrigada a retificar danos já causados. Por outro lado, devido a pressões comerciais ou exigências legais, a entidade pode pretender ou precisar efetuar gastos para operar de forma particular no futuro (por exemplo, montando filtros de fumaça em certo tipo de fábrica). Dado que a entidade pode evitar os gastos futuros pelas suas próprias ações, por exemplo, alterando o seu modo de operar, ela não tem nenhuma obrigação presente relativamente a esse gasto futuro e nenhuma provisão é reconhecida." Comitê de Pronunciamentos Contábeis, Pronunciamento Técnico nº 25, de 26 de junho de 2009, parágrafo 19.

porem benefícios econômicos; esta última expressão se refere a um dos elementos essenciais ao conceito de *ativos*, e significa o potencial de contribuir, direta ou indiretamente, para o fluxo de caixa da entidade; e

(iv) "Estimativa Confiável do Valor da Obrigação" se refere à possibilidade de mensurar a obrigação; assim, ainda que exista uma *obrigação presente*, decorrente de um *evento passado* e para cuja liquidação deva haver *saída provável de recursos* – mas não seja possível mensurar a obrigação, a provisão não deverá ser reconhecida; neste caso, restará apenas a necessidade de divulgação de um passivo contingente.

Um ponto fundamental das regras de provisionamento diz respeito à avaliação das *probabilidades*. Sem prejuízo dos critérios de reconhecimento, acima expostos, será fator determinante para provisionamento de um passivo contingente que seja *provável* que (i) exista uma *obrigação presente* na data de fechamento do balanço[101]; e (ii) deva haver *saída de recursos* para liquidar referida obrigação[102].

---

[101] "Em quase todos os casos será claro se um evento passado deu origem a uma obrigação presente. Em casos raros – como em um processo judicial, por exemplo –, pode-se discutir tanto se certos eventos ocorreram quanto se esses eventos resultaram em uma obrigação presente. Nesse caso, a entidade deve determinar se a obrigação presente existe na data do balanço ao considerar toda a evidência disponível incluindo, por exemplo, a opinião de peritos. A evidência considerada inclui qualquer evidência adicional proporcionada por eventos após a data do balanço. Com base em tal evidência: (¶) (a) quando for mais provável que sim do que não que existe uma obrigação presente na data do balanço, a entidade deve reconhecer a provisão (se os critérios de reconhecimento forem satisfeitos); e (¶) (b) quando for mais provável que não existe uma obrigação presente na data do balanço, a entidade divulga um passivo contingente, a menos que seja remota a possibilidade de uma saída de recursos que incorporam benefícios econômicos (ver item 86)." Comitê de Pronunciamentos Contábeis, Pronunciamento Técnico nº 25, de 26 de junho de 2009, item 16.

[102] "Para que um passivo se qualifique para reconhecimento, é necessário haver não somente uma obrigação presente, mas também a probabilidade de saída de recursos que incorporam benefícios. Para a finalidade deste Pronunciamento Técnico, uma saída de recursos ou outro evento é considerado como provável se o evento for mais provável que sim do que não de ocorrer, isto é, se a probabilidade de que o evento ocorrerá for maior do que a probabilidade de isso não acontecer. Quando não for provável que exista uma obrigação presente, a entidade divulga um passivo contingente, a menos que a possibilidade de saída de recursos que incorporam benefícios econômicos seja remota (ver item 86)" Comitê de Pronunciamentos Contábeis, Pronunciamento Técnico nº 25, de 26 de junho de 2009, item 23.

3.3.2. Quando divulgar um Passivo Contingente

Como vimos acima, cada processo judicial deverá ser avaliado em relação à sua *probabilidade de perda* – ou, nos termos do Comitê de Pronunciamentos Contábeis, à probabilidade de que exista uma obrigação presente e de que deva haver uma saída de recursos para liquidar referida obrigação. Quando os critérios forem considerados "prováveis", o passivo contingente deverá ser reconhecido para fins de provisão.

Por sua vez, quando *não for provável* em relação a um passivo contingente que (i) exista uma obrigação presente na data de fechamento do balanço; ou (ii) deva haver saída de recursos para liquidar referida obrigação, como regra geral, deverá ocorrer somente a divulgação do passivo contingente, na forma de uma nota explicativa. Como exceção à regra, não haverá necessidade de divulgação caso seja avaliada como *remota* a necessidade de saída de recursos para liquidar a obrigação[103].

Igualmente, ainda que ambos os critérios de "obrigação presente" e "saída de recursos" forem avaliados como *prováveis*, mas não for atendido o terceiro critério de reconhecimento[104], ou seja, não puder ser feita uma estimativa confiável do valor da obrigação, não deverá ser realizada uma provisão, e sim divulgado um passivo contingente[105], na forma de uma nota explicativa.

3.3.3. Quais informações devem ser divulgadas obrigatoriamente

O Comitê de Pronunciamentos Contábeis diferenciou as informações obrigatórias que devem ser realizadas em relação às provisões e aos passivos contingentes divulgados.

---

[103] "A menos que seja remota a possibilidade de ocorrer qualquer desembolso na liquidação, a entidade deve divulgar, para cada classe de passivo contingente na data do balanço, uma breve descrição na natureza do passivo contingente, e quando praticável: (¶) (a) uma estimativa do seu efeito financeiro, mensurada conforme os itens 36-52; (¶) (b) uma indicação das incertezas relacionadas ao valor ou momento de ocorrência de qualquer saída; e (¶) (c) a possibilidade de qualquer reembolso." Comitê de Pronunciamentos Contábeis, Pronunciamento Técnico nº 25, de 26 de junho de 2009, item 86.

[104] Conforme critérios de reconhecimento anteriormente expostos; v. nota de rodapé de nº 99, acima.

[105] "Nos casos extremamente raros em que nenhuma estimativa confiável possa ser feita, existe um passivo que não pode ser reconhecido. Esse passivo é divulgado como um passivo contingente (item 86)." Comitê de Pronunciamentos Contábeis, Pronunciamento Técnico nº 25, de 26 de junho de 2009, item 26.

Quanto às provisões, o Comitê de Pronunciamentos Contábeis dividiu em duas as regras de divulgação[106], sendo a primeira relacionada às *provisões em si*, e a segunda às *variações ocorridas* durante o período, entre uma e outra demonstração financeira.

Em relação à *provisões em si*, o CPC 25 estabeleceu que da divulgação de provisões deverá constar[107] (i) uma breve descrição da natureza da obrigação e o cronograma esperado de quaisquer saídas de recursos resultantes; (ii) uma indicação das incertezas sobre o valor ou o cronograma dessas saídas; sempre que necessário para fornecer informações adequadas, a entidade deve divulgar as principais premissas adotadas em relação a eventos futuros; e (iii) o valor de qualquer reembolso esperado, declarando o valor de qualquer ativo que tenha sido reconhecido por conta deste reembolso esperado.

Em relação às *variações ocorridas* durante o período, estabeleceu que da divulgação deverá constar[108] (i) o valor contábil ao início e ao fim do período; (ii) as provisões adicionais feitas no período, incluindo aumentos em provisões existentes; (iii) os valores utilizados durante o período, ou seja, incorridos e baixados contra as provisões; (iv) os valores revertidos durante o período[109]; e (v) o aumento durante o período no valor descontado a valor presente proveniente da passagem do tempo e o efeito de qualquer mudança na taxa de desconto.

Como se vê, a variação no valor das provisões é um ponto de grande relevância para a norma contábil. Não basta, portanto, que no fechamento

---

[106] Comitê de Pronunciamentos Contábeis, Pronunciamento Técnico nº 25, de 26 de junho de 2009, itens 84 e 85.

[107] Comitê de Pronunciamentos Contábeis, Pronunciamento Técnico nº 25, de 26 de junho de 2009, item 85.

[108] Comitê de Pronunciamentos Contábeis, Pronunciamento Técnico nº 25, de 26 de junho de 2009, item 84.

[109] Há uma omissão gráfica no parágrafo 84, "d", do Pronunciamento Técnico nº 25, em que se exige, dentre outros itens de divulgação de uma provisão, informar "valores não utilizados revertidos (*sic*) durante o período". Há duas formas de interpretar o trecho: pela primeira, seria necessário informar somente valores "revertidos" (ou seja, não utilizados e, por isso, revertidos); e pela segunda, seria necessário informar tanto valores "não utilizados" (revertidos ou não), quanto valores "revertidos". Haja vista que valores não utilizados (não revertidos) necessariamente constarão de uma provisão e que o Comitê de Pronunciamentos Contábeis, em regra, não exige informações comparativas de um período para outro, utilizamos o primeiro entendimento, pelo qual seria necessário informar somente valores "revertidos" (ou seja, não utilizados e, por isso, revertidos).

da demonstração financeira se faça a divulgação completa das provisões existentes, novas e antigas; em relação às provisões antigas, deverão ser prestadas informações sobre a variação no período (valor inicial e valor final), os valores *adicionados* ou valores *revertidos* – bem como, por fim, o aumento nos valores durante o período *descontados a valores presentes*; trata-se, neste caso, de demonstrar se houve *aumento real* dos valores da provisão, comparando o "valor final" (ao término do período de referência) com o "valor inicial" (ao início do período de referência) trazido a valor presente pela taxa de desconto[110] utilizada pela companhia.

Já quanto aos passivos contingentes divulgados, o Comitê de Pronunciamentos Contábeis foi mais sucinto. De acordo com o CPC 25, da divulgação de passivos contingentes deverá constar[111] (i) sempre, uma breve descrição da sua natureza; e (ii) quando for possível, uma estimativa do seu efeito financeiro; uma indicação das incertezas relacionadas ao valor ou momento de ocorrência de qualquer saída; e a possibilidade de qualquer reembolso.

Em se tratando de processos judiciais e administrativos – meios de litígio, afinal, – a companhia deve envidar esforços para equilibrar a necessidade de informar os destinatários das suas demonstrações financeiras sobre os passivos contingentes, evitando, contudo, revelar estratégias ou quaisquer outras informações sensíveis que possam ser acessadas pela parte contrária[112].

---

[110] A "taxa de desconto" se refere ao índice utilizado para trazer a valor presente ou levar a valor futuro um determinado fluxo de caixa. Em sentido prático, a taxa de desconto costuma corresponder ao custo médio ponderado de capital da empresa ("WACC", Weighted Average Capital Cost), que é o custo médio de diferentes fontes de financiamento de uma empresa, dentre capital próprio e de terceiro. SHENG, **Introdução às finanças** cit., pp. 276 e 277; e 145.

[111] Comitê de Pronunciamentos Contábeis, Pronunciamento Técnico nº 25, de 26 de junho de 2009, item 86.

[112] "'A empresa pode não oferecer um detalhamento sobre o processo para não abrir alguma estratégia ou para que a parte contrária na disputa judicial não saiba a sua classificação de risco', afirma Frederico Bopp Dieterich, advogado do escritório Azevedo Sette Advogados. O próprio Conselho Federal de Contabilidade orienta que, se for causar prejuízo à companhia, não é necessário mencionar detalhes sobre o processo judicial." HÁFEZ, Andréa. **Classificação de risco de processos traz impacto aos dividendos**, de 1º de janeiro de 2008. Espaço Jurídico BM&FBOVESPA. Disponível em: < http://www2.bmf.com.br/cim/Consulta_ResultadoInternet.asp?Assunto=>. Acesso em: 15 jun. 2015.

3.3.4. Divulgação de Provisões e de Passivos Contingentes individualmente ou em classes

O CPC 25 possibilita que provisões e passivos contingentes sejam organizados em grupo, por meio de *classes de provisões* ou *classes de passivos contingentes*. Há, contudo, que se fazer algumas ressalvas e adotar precauções.

De início, há que se ressaltar que em todos os parágrafos do CPC 25 relacionados às formas de divulgação de provisões e passivos contingentes[113], as informações mandatórias são aplicadas a *classes* de cada obrigação – e nunca a obrigações individuais. Assim, pela leitura isolada dos dispositivos, as informações requeridas sempre poderão ser prestadas em relação a uma *classe de provisão* ou a uma *classe de passivos contingentes*.

Pouco mais adiante[114], o Comitê de Pronunciamentos Contábeis esclarece que para se determinar quais provisões ou passivos contingentes podem ser agregados para formar uma classe, deve-se avaliar se a natureza dos itens é "suficientemente similar" – assim entendido se a prestação de informações conjuntas, tais como breve descrição da sua natureza e cronograma esperado de saídas (aplicável a provisões); estimativa do seu efeito financeiro (aplicável a passivos contingentes); e indicação das incertezas relacionadas ao valor ou momento de ocorrência da saída de recursos (aplicável a ambas as espécies), será equivalente às informações individuais.

Avaliando a disposição com conservadorismo, seria possível concluir que somente quando dois ou mais itens (provisões ou passivos contingentes) fossem *equivalentes* no que se refere às informações essenciais, tais como natureza, cronograma esperado das saídas e incertezas relacionadas ao valor ou ao momento de ocorrência das saídas de recursos, poderiam ser reunidas em uma classe – assim, ao invés de informar o valor individual envolvido de cada processo e repetir as demais informações mandatórias, seriam informados uma única vez o número de processos, a soma dos valores envolvidos e as informações mandatórias aplicáveis a todo o lote.

---

[113] Comitê de Pronunciamentos Contábeis, Pronunciamento Técnico nº 25, de 26 de junho de 2009, itens 84, 85 e 86.

[114] Comitê de Pronunciamentos Contábeis, Pronunciamento Técnico nº 25, de 26 de junho de 2009, item 87.

3.3.5. O que significam as classificações de probabilidade – "Remoto", "Possível", "Provável" e "Praticamente Certo"

Como vimos mais acima, o Comitê de Pronunciamentos Contábeis determina a avaliação de *probabilidade* tanto da existência de uma obrigação presente na data de fechamento do balanço[115] quando da saída de recursos para liquidar referida obrigação[116] – o que será fundamental para reconhecimento de uma provisão ou para divulgação de um passivo contingente.

Antes do CPC 25, a Norma e Procedimento Contábil nº 22 do Instituto dos Auditores Independentes do Brasil ("NPC 22"), anteriormente aprovada pela Deliberação CVM nº 489, de 3 de outubro de 2005, sumarizava o conceito das classificações de probabilidades, nos seguintes termos: (i) "provável", a chance de um ou mais eventos futuros ocorrer fosse maior do que a de não ocorrer; (ii) "possível", a chance de um ou mais eventos futuros ocorrer fosse menos que provável, mas maior que remota; e (iii) "remota", a chance de um ou mais eventos ocorrer fosse pequena[117].

Quando da publicação do CPC 25, não fora mantido um item para conceituar os graus de probabilidade – a ponto de alguns terem considerado que referidas classificações haviam sido "extintas"[118]. Com a devida vênia aos que sustentaram essa opinião, não foi o que ocorreu.

Por um lado, efetivamente, não apenas o Comitê de Pronunciamentos Contábeis deixou de sumarizar as definições de cada grau de probabilidade, como tampouco definiu taxativamente a classificação "remota". Ainda assim, o Comitê manteve a definição de "provável" e enfocou as probabilidades de tal modo que se mantiveram inalterados no CPC 25 o significado e a utilidade dessas classificações, tal qual se dava no NPC 22.

---

[115] V. nota de rodapé nº 101, acima.

[116] V. nota de rodapé nº 102, acima.

[117] Instituto dos Auditores Independentes do Brasil, Norma e Procedimento Contábil nº 22, parágrafo 9.

[118] A título exemplificativo: "Uma mudança na legislação [CPC 25], visando à adequação da contabilidade brasileira às normas internacionais, determinou o fim da nomenclatura tradicionalmente utilizada pelos setores contábil e jurídico na classificação dos passivos trabalhistas e/ou previdenciários. (¶) A mudança, válida já na contabilização e apresentação dos balanços deste ano, elimina a classificação dos passivos em Possível, Provável e Remoto, de acordo com um maior ou menor risco de perda da ação judicial." BERNHOEFT Contadores. **O fim do possível, provável e remoto**, de 10 de dezembro de 2009. Disponível em: < http://www.bernhoeft.com.br/o-fim-do-possivel-provavel-e-remoto/>. Acesso em: 15 nov. 2014.

Disperso em vários itens do CPC 25 e taxativamente na nota de rodapé do item 23, o Comitê de Pronunciamentos Contábeis define "provável" como sendo "mais provável que sim do que não" – aplicável, por exemplo, à ocorrência futura de um evento ou à existência incerta de uma obrigação presente na data do balanço. Prosseguindo, ainda que não taxativamente, o Comitê de Pronunciamentos Contábeis define "possível" como sendo "mais provável que não do que sim" – a não ser que a probabilidade seja "remota"[119].

Como se vê, as definições do CPC 25 possuem o mesmo alcance que as do NPC 22 – sendo equivalentes, inclusive, no que se refere à sua insuficiência, como trataremos mais adiante.

Para fins de clareza, consolidamos em nossas próprias palavras as definições das classificações de probabilidade, em estrita consonância com o CPC 25 e nos valendo dos conceitos do NPC 22:

(i) "provável", em se tratando de um fato presente, o que tem mais chance de *ser* do que de *não ser*; e em se tratando de um evento futuro, o que tem mais chance de *ocorrer* do que de *não ocorrer*;

(ii) "possível", em se tratando de um fato presente, o que tem mais chance de *não ser* do que de *ser*; e em se tratando de um evento futuro, o que tem mais chance de *não ocorrer* do que de *ocorrer*; e

(iii) "remoto", em se tratando de um fato presente, o que tem *pequena* chance de *ser*; e em se tratando de um evento futuro, o que tem *pequena* chance de *ocorrer*.

Destacamos, ainda, que a classificação "praticamente certo" é utilizada pelo Comitê de Pronunciamentos Contábeis exclusivamente para fins de reconhecimento de *ativos* contingentes[120] – de modo que é dispensável

---

[119] "15. (...) (b) quando é mais provável que não existe uma obrigação presente na data do balanço, a entidade divulga um passivo contingente, a menos que seja remota a possibilidade de uma saída de recursos que incorporam benefícios econômicos (...)."; e "23. (...) Quando não for provável que exista uma obrigação presente, a entidade divulga um passivo contingente, a menos que a possibilidade de saída de recursos que incorporam benefícios econômicos seja remota. (...)". Comitê de Pronunciamentos Contábeis, Pronunciamento Técnico nº 25, de 26 de junho de 2009.

[120] "33. Os ativos contingentes não são reconhecidos nas demonstrações contábeis, uma vez que pode tratar-se de resultado que nunca venha a ser realizado. Porém, quando a realização do ganho é praticamente certa, então o ativo relacionado não é um ativo contingente e o seu reconhecimento é adequado." Comitê de Pronunciamentos Contábeis, Pronunciamento Técnico nº 25, de 26 de junho de 2009.

para fins de reconhecimento de provisões de passivos contingentes e não será considerada no presente estudo.

3.3.6. Quais são os critérios de mensuração de valores de Provisões e de Passivos Contingentes

Além dos critérios para reconhecimento de uma provisão e divulgação de um passivo contingente, o Comitê de Pronunciamentos Contábeis estabelece critérios para mensuração dos seus valores.

Como vimos anteriormente, os passivos contingentes e as provisões implicam em maior ou menor grau de incerteza quanto à existência da obrigação; à probabilidade de saída de recursos para sua liquidação; e/ou à confiabilidade da estimativa do seu valor. A possibilidade de se realizar uma "estimativa confiável" do valor de um passivo contingente, a propósito, é um dos critérios de reconhecimento[121] de uma provisão[122].

O CPC 25 determina que o valor a ser atribuído a uma provisão deve corresponder à melhor estimativa do desembolso exigido para liquidar referida obrigação na data de fechamento do balanço[123]; ainda, conceitua "melhor estimativa" como o valor que a entidade pagaria para liquidar ou transferir a terceiro a obrigação na data de fechamento do balanço[124]. É atribuído à administração da entidade determinar a estimativa a ser utilizada, valendo-se de experiência em casos semelhantes e, se necessário, de relatórios de peritos independentes[125].

Mais além, o Comitê de Pronunciamentos Contábeis indica que quando uma única obrigação individual estiver sendo mensurada, a melhor estimativa do valor do passivo pode ser dada pelo que chama de "desfecho

---

[121] São critérios de reconhecimento de uma provisão: (i) obrigação presente; (ii) evento passado; (iii) saída provável de recursos; e (iv) estimativa confiável da obrigação, conforme tratado no presente estudo no item 3.3.1, acima.

[122] Nesse sentido: "26. Nos casos extremamente raros em que nenhuma estimativa confiável possa ser feita, existe um passivo que não pode ser reconhecido. Esse passivo é divulgado como passivo contingente." Comitê de Pronunciamentos Contábeis, Pronunciamento Técnico nº 25, de 26 de junho de 2009.

[123] Comitê de Pronunciamentos Contábeis, Pronunciamento Técnico nº 25, de 26 de junho de 2009, item 36.

[124] Comitê de Pronunciamentos Contábeis, Pronunciamento Técnico nº 25, de 26 de junho de 2009, item 37.

[125] Comitê de Pronunciamentos Contábeis, Pronunciamento Técnico nº 25, de 26 de junho de 2009, item 38.

individual mais provável"[126]. Ainda em relação a este critério, o CPC 25 estipula que outros desfechos possíveis também deverão ser considerados, sendo que a melhor estimativa possível variará para mais ou para menos, de acordo com os valores relacionados a cenários de "impacto significativo"[127].

Outro aspecto a ser levado em consideração diz respeito às chamadas *classes de provisões*[128]. O CPC 25 determina que quando houver diversas obrigações de uma mesma natureza, tais como garantias sobre produtos vendidos, a avaliação de probabilidade deve ser realizada em consideração ao grupo[129] – ou seja, a provisão será necessária se houver mais chance de ocorrer do que de não ocorrer *qualquer* dos dispêndios, ainda que, individualmente, as probabilidades sejam insignificantes. Neste caso, o CPC 25 estabelece que a estimativa corresponda aos valores dos desfechos possíveis ponderados pelas suas probabilidades.

Desde já, destaca-se que as normas acima foram direcionadas pelo Comitê de Pronunciamentos Contábeis exclusivamente às provisões – e não aos passivos contingentes. Sem prejuízo, há que se ressaltar que as figuras são bastante similares, diferindo os passivos contingentes somente por (i) não terem atendido aos critérios de reconhecimento de uma provisão; e, em consequência disso, (ii) não implicarem em reconhecimento contábil, deixando de produzir efeitos contábeis imediatos[130]. Deve ser ponderado que tais diferenças pouco diminuem a relevância dos passivos contingentes frente às provisões – sobretudo no que se refere à necessidade informacional.

Assim, muito embora a mensuração do valor dos passivos contingentes não se preste ao reconhecimento contábil, a necessidade de estimar seu efeito financeiro[131] é bastante relevante para fins de divulgação – de

---

[126] Comitê de Pronunciamentos Contábeis, Pronunciamento Técnico nº 25, de 26 de junho de 2009, item 40.

[127] Comitê de Pronunciamentos Contábeis, Pronunciamento Técnico nº 25, de 26 de junho de 2009, item 40.

[128] V. item 3.3.4, acima.

[129] Comitê de Pronunciamentos Contábeis, Pronunciamento Técnico nº 25, de 26 de junho de 2009, item 24.

[130] V. item 3.4, a seguir, em serão abordados efeitos financeiros, contábeis e fiscais das provisões.

[131] Em se tratando de passivos contingentes, exige-se a estimativa do seu efeito financeiro "sempre que possível" (Comitê de Pronunciamentos Contábeis, Pronunciamento Técnico nº 25, de 26 de junho de 2009, item 86), haja vista que existem obrigações cujo valor não pode

modo que entendemos não se justificar que os métodos propostos pelo Comitê de Pronunciamentos Contábeis sejam restritos às estimativas das provisões. Admitir essa limitação, ademais, significaria permitir que uma mesma companhia adotasse critérios diferentes para mensuração de passivos contingentes e provisões, criando dificuldades injustificadas para entendimento das suas demonstrações financeiras.

Permitimo-nos desde já concluir, em que pese a falta de disposição expressa do Comitê de Pronunciamentos Contábeis neste sentido, que é recomendável que se utilizem os métodos do CPC 25 para mensuração dos valores tanto das provisões, quanto dos passivos contingentes.

3.4. Aspectos Financeiros, Contábeis e Fiscais das Provisões

Como muito se já falou ao longo do presente estudo, não há muito o que difere passivos contingentes e provisões[132].

Os passivos contingentes correspondem (i) às obrigações possíveis de uma entidade, provenientes de eventos passados, cuja existência será confirmada pela ocorrência ou não de um ou mais eventos futuros incertos; ou (ii) às obrigações presentes de uma entidade, provenientes de eventos passados, mas que não são reconhecidas porque (ii.1) não é provável que deverá haver uma saída de recursos para liquidação; ou (ii.2) o valor da obrigação não pode ser mensurado com confiabilidade. As provisões, por sua vez, também correspondem às obrigações presentes de uma entidade – mas que atendam aos critérios de reconhecimento[133].

No que tange à sua essência, portanto, ambas as figuras possuem a mesma natureza obrigacional; são características relacionadas à eficácia da obrigação, assim entendida a probabilidade de saída de recursos para sua liquidação e a possibilidade de estimativa confiável do seu valor, que fazem com que um passivo contingente não seja apenas divulgado, mas sim reconhecido como provisão. A partir daí, no entanto, é o próprio ato de reconhecimento que produzirá efeitos bastante diversos – os quais abordaremos dos pontos de vista financeiros, contábeis e fiscais.

---

ser estimado – sendo tal possibilidade, inclusive, um dos critérios de reconhecimento de uma provisão. Ou seja, sempre haverá estimativa de valor para uma provisão, o que nem sempre ocorrerá com um passivo contingente.

[132] V. item 1.2.2.

[133] São critérios de reconhecimento de uma provisão: (i) obrigação presente; (ii) evento passado; (iii) saída provável de recursos; e (iv) estimativa confiável da obrigação, conforme tratado no item 3.3.1, acima.

O ato de reconhecer uma provisão significa contabilizar seu valor estimado tal qual um passivo que efetivamente tenha sido incorrido pela entidade. Trata-se de antecipar para fins contábeis, portanto, uma obrigação presente que provavelmente implicará em dispêndio. A lógica por trás deste reconhecimento é não se limitar dentro de um período de competência aos resultados financeiros – ou seja, receitas e despesas efetivamente incorridas – mas considerar tanto quanto possível o impacto de eventos que já ocorreram, mas ainda não produziram efeitos financeiros.

Recordando, de forma sintética, os elementos de um balanço patrimonial[134], temos: (i) ao lado esquerdo ("ativos"): ativo corrente e ativo fixo; e (ii) ao lado direito ("passivos"): passivo corrente; passivo não corrente; e patrimônio líquido.

Para fins contábeis, como se conclui do exposto acima, o lançamento de uma provisão equivalerá ao de um passivo. Haja vista que o balanço implica em equilíbrio entre os dois grupos, ativos e passivos, e que ativos correntes, ativos fixos, passivos correntes e passivos não correntes não oscilam – ou seja, são valores objetivamente fixados na demonstração financeira, conforme tenham sido apurados, – podemos concluir que uma provisão produzirá efeitos em relação ao patrimônio líquido.

Como vimos anteriormente, o patrimônio líquido se refere às obrigações com os proprietários das empresas, notadamente acionistas, em se tratando de sociedades anônimas; seus elementos são o capital social, as reservas de lucros e as reservas de resultados e os lucros ou prejuízos acumulados. Quando do encerramento de um exercício, a companhia deve registrar o seu resultado na Demonstração de Lucros ou Prejuízos Acumulados[135]. Se houver lucro, a companhia poderá utilizá-lo para distribuição aos seus proprietários, na forma de dividendos; para aumento do capital social; para constituição de reservas; ou somente mantida em conta denominada "lucros acumulados", que serão adicionados aos lucros do próximo exercício. Se houver prejuízo, por sua vez, será mantido em conta denominada "prejuízos acumulados".

Somente após a eventual destinação do lucro líquido, a parte que permanecer retida na companhia será registrada no balanço, na conta de patri-

---

[134] As demonstrações financeiras e, em particular, o balanço patrimonial, estão tratados no presente estudo no item 1.1, acima.
[135] MARION, José Carlos. "Contabilidade Empresarial". 10.ed. São Paulo: Editora Atlas, 2003. PP. 157 a 159.

mônio líquido. Em resumo, portanto, o efeito contábil de uma provisão é diminuir o resultado do exercício do seu reconhecimento, reduzindo o lucro ou aumentando o prejuízo, o que refletirá, por fim, no balanço patrimonial, na conta de patrimônio líquido.

Em última análise, portanto, as provisões afetam o resultado da companhia, podendo impactar os dividendos, as reservas de lucros e o balanço patrimonial do exercício.

O lançamento contábil da provisão deve ser realizado no exercício cujo evento originou a obrigação ou, se isso não for possível, no exercício em que a companhia tenha tomado conhecimento de tal contingência. O lançamento pode ser realizado tanto na conta de passivos correntes ou não correntes, de acordo com a época provável da sua liquidação[136].

No que se refere aos efeitos fiscais, o CPC 25 determina que as provisões sejam mensuradas antes dos impostos[137]. A despesa reconhecida será indedutível; no entanto, no exercício em que o dispêndio se efetivar, a provisão utilizada para absorver a perda poderá ser excluída do lucro real, conforme artigo 247, parágrafo segundo, do Regulamento do Imposto de Renda[138]. Outros efeitos podem ser extraídos do Pronunciamento Técnico de nº 32, do Comitê de Pronunciamentos Contábeis, de 16 de setembro de 2009 ("CPC 32"), que tem por objeto a contabilização de ativos e passivos para fins de tributação sobre o lucro.

Em breve síntese, de acordo com o CPC 32, a principal consequência do reconhecimento de uma provisão se refere à regra geral de que caso sua futura liquidação produzisse efeitos fiscais – ou seja, resultasse em futuros pagamentos de tributos menores, – a entidade deverá reconhecer um *ativo fiscal diferido*. O ativo fiscal diferido corresponde ao valor do tributo que tenha sido pago por força do reconhecimento da provisão, mas que poderá ser recuperado futuramente, quando da liquidação da obrigação reconhecida naquele exercício.

---

[136] IUDÍCIBUS, **Manual de contabilidade** cit., p. 275.
[137] Comitê de Pronunciamentos Contábeis, Pronunciamento Técnico nº 25, de 26 de junho de 2009, item 41.
[138] "Art. 247. (...) § 2º Os valores que, por competirem a outro período de apuração, forem, para efeito de determinação do lucro real, adicionados ao lucro líquido do período de apuração, ou dele excluídos, serão, na determinação do lucro real do período de apuração competente, excluídos do lucro líquido ou a ele adicionados, respectivamente, observado o disposto no parágrafo seguinte." Decreto nº 3.000, de 26 de março de 1999.

4
Análise Crítica das Normas e Práticas de Provisionamento

4.1. Processos Judiciais e Administrativos: Que Tipos de Demanda Devem Ser Provisionados

Pode-se verificar na prática dos profissionais envolvidos com provisionamento e elaboração de notas explicativas de passivos contingentes uma ênfase muito grande – quando não propriamente uma limitação indevida, – a processos *judiciais* promovidos contra a companhia.

O primeiro ponto a ser enfatizado, portanto, diz respeito a situar claramente não apenas os processos *judicias*, mas também os *administrativos*, como objeto de provisionamento e de divulgação de notas explicativas[139].

A rigor, o objeto da regulação são os passivos contingentes – os quais, de acordo com o Comitê de Pronunciamentos Contábeis[140], correspondem (i) às obrigações possíveis de uma entidade, provenientes de eventos passados, cuja existência será confirmada pela ocorrência ou não de um ou mais eventos futuros incertos; ou (ii) às obrigações presentes de uma entidade, provenientes de eventos passados, mas que não são reconhecidas porque (ii.1) não é provável que deverá haver uma saída de recursos para liquidação; ou (ii.2) o valor da obrigação não pode ser mensurado com confiabilidade.

---

[139] É possível afirmar que o Pronunciamento Técnico CPC nº 25, do Comitê de Pronunciamentos Contábeis, tenha contribuído para que houvesse dúvida nesse sentido. Isso porque em todas as menções feitas a um "processo", textual ou contextualmente o CPC 25 trata de um "processo judicial". Como tratado ao presente item, porém, a limitação dos exemplos em nada restringe a abrangência da norma.

[140] Comitê de Pronunciamentos Contábeis, Pronunciamento Técnico CPC nº 25, item 10.

Conforme brevemente abordado no item 1.2.3, acima, um processo judicial pode ser resumido como um pleito perante o Poder Judiciário para que se decida sobre determinada pretensão. Um processo administrativo, por sua vez, é comumente conceituado pela doutrina como um conjunto de atos coordenados para a solução de uma controvérsia em âmbito administrativo[141]. Em qualquer dos casos, o que fará com que o processo esteja no âmbito da regulação em referência obviamente não é sua natureza, judicial ou administrativa, mas sim que o seu objeto constitua um *passivo contingente* em face da companhia.

O parágrafo anterior antecipa o segundo aspecto que merece ser destacado: que nem todo processo, judicial ou administrativo, necessariamente esteja no âmbito da regulação em referência.

É certo que diversas ações não implicam necessariamente em obrigações *possíveis* ou *presentes* em face da parte requerida – para utilizar o núcleo conceitual de passivo contingente. Entre as ações judiciais, no que se refere ao tipo de provimento jurisdicional pretendido[142], tipicamente implicarão em obrigações potenciais para os réus as ações de natureza condenatória – em que se busque, por exemplo, uma determinada indenização pecuniária. Sem prejuízo, não parece adequado definir um rol de demandas que estariam no escopo da regulação; é certo que mesmo uma ação de natureza meramente declaratória poderia implicar em relevantes passivos contingentes[143].

---

[141] Di Pietro, Maria Sylvia Zanella. **Direito administrativo.** 24.ed. São Paulo: Editora Atlas, 2011. p. 623. Convém registrar, desde logo, observação da própria doutrinadora, no sentido que nem todo processo administrativo envolve controvérsia; assim, também se pode conceituar o instituto de forma ainda mais ampla, como sendo a "série de atos preparatórios de uma decisão final da Administração".

[142] "As ações de conhecimento (...) dividem-se em ações declaratórias, constitutivas e condenatórias. Serão declaratórias quando o pedido for uma decisão que simplesmente declare a existência ou inexistência de uma relação jurídica (...); constitutivas, quando o pedido visar a criação, modificação ou extinção de relações jurídicas (...); e condenatórias quando visam a imposição de uma sanção, ou seja, uma determinação cogente, sob pena de execução coativa." Greco Filho, Vicente. **Direito processual brasileiro**, v.1. 18.ed. São Paulo: Editora Saraiva, 2005. P.93.

[143] Para que se avaliem adequadamente as consequências do ponto de vista obrigacional, faz-se necessário que se compreenda o *objeto* da ação e suas *consequências jurídicas*. Uma ação de natureza declaratória, para seguir o exemplo em referência, pode ter por objeto a declaração de existência de um débito ou de uma relação jurídica qualquer que, direta ou indiretamente, gerem obrigações à parte sucumbente, além de honorários sucumbenciais.

Da mesma forma, não parece adequado restringir a busca por passivos contingentes ao lote de ações passivas – ou seja, promovidas *contra* determinada companhia. Notadamente, há que se reconhecer aqui a complexidade do sistema processual brasileiro, sendo bastante possível que determinadas obrigações (e não apenas direitos) despontem a partir do resultado de uma ação ativa – ou seja, promovida pela própria companhia. Para ilustrar este ponto de grande relevância prática para as empresas, apresentamos os seguintes exemplos:

(i) Mandado de Segurança[144] promovido por uma companhia atuando em setor regulado em face do respectivo órgão regulador, contra o indeferimento de emissão de licença operacional; o não provimento da causa poderia implicar em interrupção das atividades empresariais;

(ii) Embargos à Execução[145] promovido por uma companhia contra uma Ação de Execução por Quantia Certa (no caso de título executivo extrajudicial); o não provimento poderia implicar em convalidação e (manutenção da) exigibilidade do respetivo débito;

(iii) Ação Declaratória de Inexistência de Débitos Tributário[146] promovida por uma companhia em face de determinado Fisco; o não provimento poderia implicar em convalidação e (manutenção da) exigibilidade dos respetivos débitos; e

(iv) Por fim, em relação a quaisquer ações ativas, o não provimento poderia implicar em condenação ao pagamento de verbas sucumbenciais[147] pela companhia.

---

[144] "Art. 1º Conceder-se-á mandado de segurança para proteger direito líquido e certo, não amparado por habeas corpus ou habeas data, sempre que, ilegalmente ou com abuso de poder, qualquer pessoa física ou jurídica sofrer violação ou houver justo receio de sofrê-la por parte de autoridade, seja de que categoria for e sejam quais forem as funções que exerça." Lei de nº 12.016, de 7 de agosto de 2009.

[145] "Art. 914. O executado, independentemente de penhora, depósito ou caução, poderá se opor à execução por meio de embargos." Código de Processo Civil, Lei de nº 13.105, de 16 de março de 2015.

[146] "Art. 20. É admissível a ação meramente declaratória, ainda que tenha ocorrido a violação do direito." Código de Processo Civil, Lei de nº 13.105, de 16 de março de 2015.

[147] "Art. 82. (...) § 2º A sentença condenará o vencido a pagar ao vencedor as despesas que antecipou." Código de Processo Civil, Lei de nº 13.105, de 16 de março de 2015.

4.2. Quantificando Probabilidades: Como Atribuir Valores Percentuais aos Critérios de Classificação

Em nossa avaliação, uma das principais lacunas das regras de provisionamento diz respeito à falta de definição clara sobre os valores percentuais a que correspondem as classificações de probabilidade "possível" e "remota".

Como consolidado no item 3.3.5, acima, o Comitê de Pronunciamentos Contábeis define "provável" como sendo "mais provável que sim do que não"[148] – aplicável, por exemplo, à ocorrência futura de um evento ou à existência incerta de uma obrigação presente na data do balanço; e define "possível" como sendo "mais provável que não do que sim" – a não ser que a probabilidade seja "remota"[149]. A probabilidade "remota", por sua vez, não é objeto de qualquer conceituação específica.

O conceito e a correta aplicação das probabilidades são elementos fundamentais para o tema de provisionamento e elaboração de notas explicativas de passivos contingentes. Afinal, a própria existência de tais normas se dá em função da necessidade de que obrigações *possíveis* ou *eventuais* produzam efeitos contábeis e/ou sejam explicadas nas demonstrações financeiras das companhias; trata-se, em última análise, de uma solução financeira para assimilar a inevitável incerteza do ambiente de negócios[150].

Como visto ao longo do presente estudo e mais especificamente nos itens 3.2.2 e 3.2.3 acima, a classificação de probabilidades em relação a elementos de um passivo contingente será determinante para que se reconheça uma provisão ou se divulgue uma nota explicativa. A estimativa será necessária nas seguintes hipóteses:

---

[148] "23. [nota de rodapé] A definição de provável neste Pronunciamento de 'mais provável que sim do que não de ocorrer' não necessariamente se aplica a outros pronunciamentos". Comitê de Pronunciamentos Contábeis, Pronunciamento Técnico nº 25, de 26 de junho de 2009.

[149] "15. (...) (b) quando é mais provável que não existe uma obrigação presente na data do balanço, a entidade divulga um passivo contingente, a menos que seja remota a possibilidade de uma saída de recursos que incorporam benefícios econômicos (...)."; e "23. (...) Quando não for provável que exista uma obrigação presente, a entidade divulga um passivo contingente, a menos que a possibilidade de saída de recursos que incorporam benefícios econômicos seja remota. (...)". Comitê de Pronunciamentos Contábeis, Pronunciamento Técnico nº 25, de 26 de junho de 2009.

[150] "O conceito de probabilidade é usado nos critérios de reconhecimento para determinar o grau de incerteza com que os benefícios econômicos futuros referentes no item venham a ser recebidos ou entregues pela entidade. (¶) O conceito está em conformidade com a incerteza que caracteriza o ambiente em que a entidade opera." MORAES JUNIOR, José Jayme. "Contabilidade Geral". 4.ed. São Paulo: Elsevier Editora, 2013. P. 18.

(i) para reconhecimento de uma provisão, deverá ser classificada como "provável" a existência de uma *obrigação presente* na data de fechamento do balanço[151] e a possibilidade de *saída de recursos* para liquidar referida obrigação[152]; e

(ii) para divulgação de uma nota explicativa, deverá ser classificada como "possível" a existência de uma *obrigação presente* na data de fechamento do balanço e a possibilidade de *saída de recursos* para liquidar referida obrigação[153].

Como visto acima, de acordo com o CPC 25, podem ser extraídos os seguintes conceitos das probabilidades: (i) "provável": mais provável que sim do não de ocorrer; (ii) "possível": mais provável que não do que sim

---

[151] "Em quase todos os casos será claro se um evento passado deu origem a uma obrigação presente. Em casos raros – como em um processo judicial, por exemplo –, pode-se discutir tanto se certos eventos ocorreram quanto se esses eventos resultaram em uma obrigação presente. Nesse caso, a entidade deve determinar se a obrigação presente existe na data do balanço ao considerar toda a evidência disponível incluindo, por exemplo, a opinião de peritos. A evidência considerada inclui qualquer evidência adicional proporcionada por eventos após a data do balanço. Com base em tal evidência: (¶) (a) quando for mais provável que sim do que não que existe uma obrigação presente na data do balanço, a entidade deve reconhecer a provisão (se os critérios de reconhecimento forem satisfeitos); e (¶) (b) quando for mais provável que não existe uma obrigação presente na data do balanço, a entidade divulga um passivo contingente, a menos que seja remota a possibilidade de uma saída de recursos que incorporam benefícios econômicos (ver item 86)." Comitê de Pronunciamentos Contábeis, Pronunciamento Técnico nº 25, de 26 de junho de 2009, item 16.

[152] "Para que um passivo se qualifique para reconhecimento, é necessário haver não somente uma obrigação presente, mas também a probabilidade de saída de recursos que incorporam benefícios. Para a finalidade deste Pronunciamento Técnico, uma saída de recursos ou outro evento é considerado como provável se o evento for mais provável que sim do que não de ocorrer, isto é, se a probabilidade de que o evento ocorrerá for maior do que a probabilidade de isso não acontecer. Quando não for provável que exista uma obrigação presente, a entidade divulga um passivo contingente, a menos que a possibilidade de saída de recursos que incorporam benefícios econômicos seja remota (ver item 86)" Comitê de Pronunciamentos Contábeis, Pronunciamento Técnico nº 25, de 26 de junho de 2009, item 23.

[153] "A menos que seja remota a possibilidade de ocorrer qualquer desembolso na liquidação, a entidade deve divulgar, para cada classe de passivo contingente na data do balanço, uma breve descrição na natureza do passivo contingente, e quando praticável: (¶) (a) uma estimativa do seu efeito financeiro, mensurada conforme os itens 36-52; (¶) (b) uma indicação das incertezas relacionadas ao valor ou momento de ocorrência de qualquer saída; e (¶) (c) a possibilidade de qualquer reembolso." Comitê de Pronunciamentos Contábeis, Pronunciamento Técnico nº 25, de 26 de junho de 2009, item 86.

de ocorrer, a não ser que a probabilidade seja remota; e (iii) "remota": não consta; por exclusão, o que não seja "provável" ou "possível".

Tomando como base as definições acima, podemos concluir que – com base na regulação atual, – é possível atribuir uma *grandeza percentual exata* apenas à classificação de "provável". Ou seja: em linguagem matemática, a probabilidade de um evento ser "mais provável que sim do não de ocorrer" corresponde, logicamente, a "maior que cinquenta por cento" (>50%). Assim, podemos concluir que o CPC 25 conferiu objetividade exclusivamente em relação a essa classificação de probabilidade.

De fato, não é o que se deu com as demais classificações, quais sejam, "possível" e "remota". Na medida em que o Comitê de Pronunciamentos Contábeis adotou o método de classificar os índices por exclusão – ou seja, sendo "possível" aquilo que não é "provável" e nem é "remoto" – abriu espaço para que suas conceituações fossem subjetivas.

Deixando por um momento o campo teórico e avançando para o prático, verifica-se que as funções corporativas envolvidas com o tema, notadamente advogados, contadores e auditores, parecem ter assimilado sem restrições a carga de subjetividade inerente à falta de valores percentuais associados às probabilidades "possível" e "remota". A título exemplificativo, se pode citar as cartas de circularização emitidas pelas auditorias externas aos advogados das companhias auditadas[154].

Há quem possa argumentar que a subjetividade da norma é *justificável* ou até mesmo *necessária*, face à dificuldade de estimar com precisão – ou seja, em valores ou faixas percentuais – o risco de perda de uma ação judicial ou administrativa. Somos, porém, contrários a essa linha argumentativa.

Em nossa avaliação, o desafio de se estimar o desfecho de uma demanda, por maior que seja, não justifica isentar os administradores dessa tarefa, que devem buscar sua "melhor estimativa", para utilizar a expressão do próprio CPC 25[155]. Afinal, permitir que os administradores julguem por si próprios, sem qualquer critério previamente estabelecido, a que cor-

---

[154] "Modelo de Carta de Circularização de Advogados. (...) Quando às perspectivas de perdas [relativas aos processos informados], favor classificá-las, segundo critério sugerido pelo Instituto Brasileiro de Contadores (Ibracon), como prováveis (existem grandes chances de perdas), possíveis (há possibilidade de que as perdas ocorram, mas não é remota), ou remotas (as chances de ocorrência das perdas são pequenas)." AVALOS, José Miguel Aguilera. **Auditoria e gestão de riscos**. São Paulo: Editora Saraiva, 2009.
[155] V. item 4.4, a seguir.

responde um risco de perda "remoto" ou "possível", retira muito da utilidade de se ter estes dois conceitos com consequências diversas definidas pela norma, bem como desvaloriza o esforço em aprofundar a análise para situar a probabilidade entre essas faixas.

O principal impacto decorrente dessa lacuna pode ser resumido pela potencial assimetria entre as notas explicativas das empresas em relação aos seus passivos contingentes. Assim, caso duas companhias litigassem contra o Fisco em relação a um mesmo tributo, pelas mesmas razões de fato e de direito; e que – em um cenário hipotético ideal – fosse possível estimar com precisão que o risco de perda daquela demanda fosse de vinte e cinco por cento (25%), qual deveria ser o tratamento da companhia em relação a este passivo?

Tomando como base nossa experiência profissional, podemos afirmar com segurança que a interpretação subjetiva por parte dos patronos daquele litígio, no sentido de considerar o risco de perda de 25% como "possível" ou "remoto", seria o fator de eventual enquadramento à necessidade de publicação de uma nota explicativa no balanço de cada companhia – o que nos faz concluir pelo risco, para finalizar o exemplo, de que uma delas fizesse a publicidade e a outra não, configurando o problema de assimetria de informação ao mercado.

Existe, inclusive, um perigo adicional. Na medida em que não haja um enunciado claro que oriente a atuação dos profissionais evolvidos ao classificar o risco, abre-se a possibilidade de que os administradores exerçam influência para que seja adotada a interpretação mais conveniente, podendo praticar gerenciamento de resultados.

Claramente, a solução para o problema apontado seria a atribuição de valores percentuais às probabilidades "possível" e "remota" – assim como já se tem para a probabilidade "provável" (>50%). Contudo, considerando a omissão da norma, quais seriam as referências disponíveis para que pudéssemos subsidiar proposta neste sentido?

Do ponto de vista estritamente *matemático*, o CPC 25 permite que se estabeleçam duas premissas: (i) as probabilidades "possível" e "remota" correspondem a percentuais *iguais* ou *menores* que cinquenta por cento[156];

---

[156] A primeira premissa decorre da *exclusão* da faixa percentual acima de cinquenta por cento, que o CPC 25 objetivamente atribuiu à classificação "provável".

e (ii) as probabilidades "possível" e "remota" são diferentes entre si[157]. Somando à avaliação o ponto de vista *semântico*, podemos acrescentar uma última premissa: (iii) a probabilidade "remota" é menor que a "possível"[158]. Por fim, ainda do ponto de vista matemático, é inevitável que as três classificações compreendam o intervalo estatístico entre "0" (zero por cento) e "1" (cem por cento).

As premissas acima encontram seu limite na *linha divisória* – ou seja, o valor percentual a partir do qual a probabilidade deixaria de ser "remota" e passaria a ser "possível", a exemplo do limite de cinquenta por cento, acima do qual a probabilidade deixa de ser "possível" e passa a ser "provável". Apesar da escassez de referências, assumimos o desafio de propor um limite que possa ser logicamente sustentado.

Para fins de delimitação, apresentamos a seguir dois critérios que se destacam do ponto de vista lógico:

(i) critério aritmético: de acordo com este critério, na falta de uma definição normativa, a linha divisória poderia ser estabelecida pela média aritmética da faixa percentual em que se situam as probabilidades "remota" e "possível", de zero a cinquenta por cento; assim, a linha divisória seria vinte e cinco por cento; e

(ii) critério conservador: de acordo com este critério, na falta de uma definição normativa, a linha divisória poderia ser estabelecida arbitrariamente; no entanto, ao invés de se adotar a média aritmética, em atenção ao Princípio da Prudência[159], a maior faixa percentual poderia ser reservada para a probabilidade "possível", em que há necessidade de elaboração de nota explicativa.

---

[157] A segunda premissa decorre do argumento lógico de que não haveria utilidade em atribuir mais de uma nomenclatura a grandezas equivalentes e da *exclusão recíproca* pelo CPC 25, resultante, por exemplo, da afirmação que um passivo contingente – cuja saída de recursos para liquidar referida obrigação seja, por definição, "possível" – será divulgado, a não ser que a possibilidade de saída seja "remota".

[158] É certo que diversos doutrinadores vão além, assumindo que "remoto" denota uma probabilidade "muito pequena". Neste sentido a seguinte definição de perda remota: "são mínimas e remotas as possibilidades futuras do evento." BARROS, **Contabilidade na prática** *cit.*, p. 316.

[159] "O Princípio da Prudência segundo a Resolução do CFC nº 750 de 1993, determina a adoção do menor valor para o ativo e do maior para o passivo, ou seja, impõe a escolha da hipótese que resulte menor patrimônio líquido. A aplicação deste princípio torna-se indispensável ao serem feitas estimativas que envolvem incertezas de grau variável." IUDÍCIBUS, **Manual de contabilidade** *cit.*, p. 68.

Em que pese ambos os critérios possuírem fundamentação lógica, somos da opinião que o item "ii" (critério conservador) é mais adequado, por se coadunar com o Princípio da Prudência, um dos pilares fundamentais da contabilidade. Quanto à fixação de uma linha divisória – menor que vinte e cinco por cento, que seria dada pelo critério aritmético – nossa proposta às companhias e profissionais envolvidos é que considerem o valor de dez por cento (10%).

É certo que o valor acima é arbitrário e que outros poderiam ser considerados. Foi determinante para sua opção o uso da analogia, na medida em que diversos outros institutos legais estabelecem os mesmos dez por cento como piso de um "valor relevante" – tais como a realização mínima do preço de emissão das ações subscritas para constituição das sociedades anônimas[160] e, em especial, o critério de investimento relevante com base no valor do patrimônio líquido de sociedades coligadas ou controladas, para fins de elaboração de notas explicativas[161].

Tendo ponderado e discutido com colegas profissionais de Direito, acadêmicos e advogados militantes, acerca da linha divisória arbitrada (10%), temos nos convencido da sua razoabilidade. Em resposta à possível crítica de que a observância do Princípio da Prudência deveria transportar a linha divisória a valores ainda menores, como cinco ou apenas um por cento, se sobressai um contraponto auspicioso: que a manutenção de uma faixa percentual um pouco mais substancial à probabilidade "remota" também se presta a uma finalidade informacional, qual seja, de depurar as demonstrações financeiras de notas explicativas sobre demandas que *muito provavelmente* (acima de noventa por cento dos casos) não produzirão quaisquer efeitos à companhia.

Desta feita, atribuir a linha divisória em 10% implicaria em menor diluição de informações efetivamente relevantes para as partes interessadas.

---

[160] "Art. 80. A constituição da companhia depende do cumprimento dos seguintes requisitos preliminares: (...) II – realização, como entrada, de 10% (dez por cento), no mínimo, do preço de emissão das ações subscritas em dinheiro; (...)." Lei Federal nº 6.404, de 15 de dezembro de 1976.

[161] "Art. 247. As notas explicativas dos investimentos a que se refere o art. 248 desta Lei devem conter informações precisas sobre as sociedades coligadas e controladas e suas relações com a companhia, indicando: (...) Parágrafo único. Considera-se relevante o investimento: (¶) a) em cada sociedade coligada ou controlada, se o valor contábil é igual ou superior a 10% (dez por cento) do valor do patrimônio líquido da companhia; (...).". Lei Federal nº 6.404, de 15 de dezembro de 1976.

Ademais, atribuir uma faixa percentual insignificante à probabilidade "remota" praticamente eliminaria a necessidade de existir essa terceira classificação, além das outras duas ("provável" e "possível").

Pela nossa proposta, portanto, as faixas percentuais associados às classificações das probabilidades seriam as seguintes: (i) "remota": até dez por cento (X≤10%); (ii) possível: acima de dez e até cinquenta por cento (10%>X≤50%); e (iii) "provável": acima de cinquenta por cento (X>50%).

4.3. Classificando Riscos: Como Orientar a Avaliação de Risco de Perda dos Processos Judiciais e Administrativos

Se, por um lado, o Comitê de Pronunciamentos Contábeis reconheceu textualmente que as ações judiciais se destacavam quanto à dificuldade de se avaliar se configurariam ou não uma *obrigação presente* para fins de reconhecimento de uma provisão[162], por outro lado o órgão técnico praticamente não abordou quais deveriam ser os seus critérios de avaliação.

Para contextualizar o tema, retomamos o que foi tratado no item 3.3.1, acima, no sentido que, de acordo com o CPC 25[163], um passivo contingente seria reconhecido como uma provisão se atendidos os seguintes critérios:

(i) ser uma obrigação presente, resultante de um evento passado;
(ii) ser provável a saída de recursos para liquidar referida obrigação; e
(iii) poder ser feita uma estimativa confiável do valor da referida obrigação.

Na maior parte dos casos, é inequívoca a existência de uma *obrigação presente* – o que, por sua vez, no mais das vezes, implica em igual certeza quanto à necessidade de saída de recursos para liquidar referida obrigação.

---

[162] "Em quase todos os casos será claro se um evento passado deu origem a uma obrigação presente. Em casos raros – como em um processo judicial, por exemplo –, pode-se discutir tanto se certos eventos ocorreram quanto se esses eventos resultaram em uma obrigação presente." Comitê de Pronunciamentos Contábeis, Pronunciamento Técnico nº 25, de 26 de junho de 2009, item 26.

[163] "Uma provisão deve ser reconhecida quando: (¶) (a) a entidade tem uma obrigação presente (legal ou não formalizada) como resultado de evento passado. (¶) (b) seja provável que será necessária uma saída de recursos que incorporam benefícios econômicos para liquidar a obrigação; e (¶) (c) possa ser feita uma estimativa confiável do valor da obrigação. (¶) Se essas condições não forem satisfeitas, nenhuma provisão deve ser reconhecida." Comitê de Pronunciamentos Contábeis, Pronunciamento Técnico nº 25, de 26 de junho de 2009, item 14.

É o que se daria, por exemplo, com passivos decorrentes da criação regular de um novo tributo, tendo ocorrido seu fato gerador; com a celebração de um contrato, com assunção de prestações pecuniárias; e com a declaração unilateral em favor de empregados, empenhando certos benefícios.

Quando, no entanto, o passivo contingente for representado por uma ação judicial – ou, melhor dizendo, pelo *objeto* da ação, cujo eventual provimento levaria a uma saída de recursos da entidade, – se tratará de uma *pretensão resistida*. De fato, uma ação judicial pode ser resumida como um pleito perante o Poder Judiciário para que se decida sobre determinada pretensão[164]. Assim, a partir do momento que a empresa exerce seu direito de defesa, entende-se que está rejeitando a pretensão do autor[165] – o que pode se dar por diversos motivos, notadamente o que se convencionou chamar de razões de fato e/ou de direito, defesas processuais preliminares e de mérito.

Ora, se a companhia *não reconhece* o passivo contingente representado pela ação judicial, ela tacitamente manifesta seu entendimento de que não existe uma "obrigação presente". Sem prejuízo, como visto acima, a norma contábil determina que cada processo judicial seja avaliado para se determine se *é provável* que exista uma *obrigação presente* na data de fechamento do balanço e que deva haver *saída de recursos* para liquidar referida obrigação.

Assim, podemos concluir que em relação a cada processo judicial deverá haver dois tipos de avaliação, quais sejam:

(i) "avaliação administrativa", pela qual a companhia decidirá se reconhece ou não o mérito da demanda e se resistirá ou não àquela pretensão; e

---

[164] "O direito de ação é o direito subjetivo público de pleitear ao Poder Judiciário uma decisão sobre uma pretensão." GRECO, **Direito processual** *cit.*, p. 75.

[165] Podemos citar como alternativa ao exercício do direito de defesa a concordância por parte do réu em relação ao pleito do autor; é o que ocorre, por exemplo, quando o réu efetua o pagamento no prazo de três dias após citação de "Ação de Execução Por Quantia Certa", conforme artigo 829 do Código de Processo Civil, Lei de nº 13.105, de 16 de março de 2015. Os provisionamentos para ações não resistidas, contudo, são incomuns; a uma, porque se a entidade já não resistisse à pretensão *antes* da propositura da demanda, a autora careceria de interesse processual; e a duas, porque se não houvesse resistência, as ações tenderiam a ser encerradas com celeridade, e raramente ultrapassariam os períodos de fechamento do balanço da entidade.

(ii) "avaliação jurídico-contábil" ou "probabilística", em havendo resistência à pretensão, pela qual a companhia avaliará o processo judicial com vistas a determinar sua *probabilidade de perda* – ou, nos termos do Comitê de Pronunciamentos Contábeis, a probabilidade de que exista uma obrigação presente e de que deva haver uma saída de recursos para liquidar referida obrigação.

É relevante observar que a "avaliação administrativa" (item "i", acima) é de natureza *subjetiva*, ou seja, decorre da discricionariedade da companhia em relação à demanda, por meio dos seus administradores, ainda que ouvidos os técnicos; enquanto a "avaliação jurídico-contábil" ou "probabilística" (item "ii", acima) é de natureza *objetiva*, ou seja, decorre da avaliação formal da companhia em relação à demanda, por meio dos técnicos competentes.

Para ilustrar: ao receber uma demanda, o administrador de uma companhia pode não reconhecer o mérito do pedido e decidir submeter ao Poder Judiciário suas razões de resistência àquela pretensão, ao mesmo tempo em que, por dever legal, precisaria reconhecer, à luz das referências objetivas disponíveis, tais como jurisprudência e avaliações técnicas, a maior probabilidade de perda, levando à necessidade de provisionamento daquele valor envolvido.

Assim, a despeito da "avaliação administrativa" por parte da companhia, será a "avaliação jurídico-contábil" ou "probabilística" que determinará se o passivo contingente decorrente de um processo judicial deverá ou não ser reconhecido para fins de provisão – lembrando que será obrigatório o reconhecimento quando forem avaliadas como "prováveis" a existência de uma obrigação presente[166] e à saída de recursos para liquidar referida obrigação[167].

---

[166] "(...) quando for mais provável que sim do que não que existe uma obrigação presente na data do balanço, a entidade deve reconhecer a provisão (se os critérios de reconhecimento forem satisfeitos)." Comitê de Pronunciamentos Contábeis, Pronunciamento Técnico nº 25, de 26 de junho de 2009, item 16.

[167] "Para que um passivo se qualifique para reconhecimento, é necessário haver não somente uma obrigação presente, mas também a probabilidade de saída de recursos que incorporam benefícios. Para a finalidade deste Pronunciamento Técnico, uma saída de recursos ou outro evento é considerado como provável se o evento for mais provável que sim do que não de ocorrer, isto é, se a probabilidade de que o evento ocorrerá for maior do que a probabilidade

Sempre que os passivos contingentes forem representados por processos judicias ou administrativos, os critérios de reconhecimento de uma provisão ou de elaboração de uma nota explicativa podem ser traduzidos em linguagem mais apropriada. Neste sentido: a probabilidade de "existência de uma obrigação presente" e de "saída de recursos para liquidar referida obrigação" pode ser representada como *risco de perda* do processo – que seria materializado por uma decisão (final[168]) desfavorável à entidade, realizando o risco de que deverá haver saída de recursos para liquidar referida obrigação.

As considerações acima nos permitem avançar para o problema da falta de método adequado para classificação dos riscos de perda de um processo judicial ou administrativo. Com efeito, o Comitê de Pronunciamentos Contábeis se limita a estabelecer que a companhia deverá realizar essa análise considerando "toda evidência disponível" – incluindo, a título exemplificativo, a "opinião de peritos". Aqui, mais uma vez, a abertura do CPC 25 favorece a coexistência de diversos critérios por parte das funções corporativas envolvidas com o tema, notadamente advogados, contadores e auditores, com potencial assimetria de provisões e notas explicativas entre as empresas, além da possibilidade de que os administradores exerçam influência para que seja adotada a interpretação mais conveniente.

Em termos práticos, a orientação de que o risco de perda seja avaliado de acordo com a "opinião dos peritos" não agrega tanto valor – a propósito, não vai muito além do que se poderia concluir com base nas considerações sobre competência funcional e segregação de funções, como fizemos no item 2.2, acima.

Talvez a principal contribuição do CPC 25 para orientar a atividade de avaliação de risco das demandas diga respeito à expressão "evidências"[169]. Ora, se é certo que se deve evitar tanto quanto possível a subjetividade da análise, as boas práticas de avaliação podem estar relacionadas justamente à capacidade de se determinar previamente *elementos de pesquisa* aptos a

---

de isso não acontecer." Comitê de Pronunciamentos Contábeis, Pronunciamento Técnico nº 2, de 26 de junho de 20095, parágrafo 23.

[168] V. nota de rodapé de nº 175, a seguir.

[169] "Nesse caso [avaliação de um processo judicial], a entidade deve determinar se a obrigação presente existe na data do balanço ao considerar toda a evidência disponível incluindo, por exemplo, a opinião de peritos." Comitê de Pronunciamentos Contábeis, Pronunciamento Técnico nº 25, de 26 de junho de 2009, item 26.

embasar a classificação de risco – os quais, além de servirem de parâmetro, constituirão também provas materiais relativas à necessidade ou à desnecessidade de realizar uma provisão e/ou divulgar uma nota explicativa (inclusive para fins de auditoria).

Em se tratando de passivos contingentes decorrentes de processos judicias e administrativos, consideramos que há dois núcleos para investigação, embora inter-relacionados:

(i) Matérias de fato: relativas à controvérsia sobre a ocorrência ou não ocorrência de determinados fatos, podendo implicar no reconhecimento de direitos ou obrigações; as matérias de fato poderão ser avaliadas por meio do exame de quaisquer meios de prova admitidos em lei, notadamente as provas documentais, testemunhais e periciais.

(ii) Matérias de direito: relativas à controvérsia sobre a aplicabilidade ou a interpretação do Direito em relação a determinado caso concreto; as matérias de direito poderão ser avaliadas por meio da sua interpretação, tendo como base as chamadas *fontes do Direito*, quais sejam, lei, costumes, doutrina, jurisprudência, analogia, princípios gerais do Direito e equidade[170].

Como regra geral, quando um processo judicial ou administrativo envolver *matéria de fato*, sua análise será de extrema relevância para previsão do resultado da demanda, possivelmente ainda mais importante do que as matérias de direito. Como adiantado acima, sua avaliação deverá ser realizada por meio das provas disponíveis, notadamente provas documentais, testemunhais e periciais. Neste âmbito, incumbirá ao técnico responsável avaliar as provas disponíveis nos autos, bem como considerar o eventual impacto de outras provas conhecidas e aptas a serem produzidas, respeitadas as fases processuais.

Já no que se refere às *matérias de direito*, incumbirá ao técnico responsável interpretar a norma, buscando antecipar suas consequências em relação ao caso concreto. As fontes do Direito, neste âmbito, serão o objeto de pesquisa. É relevante observar que a lei é fonte *primária* do Direito; con-

---

[170] VENOSA, Sílvio de Salvo. **Direito civil: parte geral**. Tomo I. 5.ed. São Paulo: Editora Atlas, 2005. PP. 37-55.

forme determina a Lei de Introdução ao Código Civil Brasileiro[171], somente quando houver omissão legislativa é que caberia ao juiz utilizar as demais bases, justamente por isso chamadas de fonte *secundária*.

Pela ótica do técnico incumbido em estimar o risco de perda de determinado litígio, no entanto, podemos afirmar que a ordem hierárquica se inverte: neste contexto, será a *jurisprudência* – sempre que disponível em casos fáticos análogos àquele em apreço, em detrimento da própria lei, fonte primária, – que possibilitará com maior segurança antecipar o resultado da demanda[172].

Tal afirmativa guarda estreita relação com a análise anterior, pela qual diferenciamos a "avaliação administrativa" da "avaliação jurídico-contábil" ou "probabilística". Um dos desdobramentos dessa discussão é enfatizar que para cumprimento da norma deve ser privilegiada uma avaliação *objetiva* dos riscos de perda de cada demanda; note-se que referido enfoque não *prescinde* da coordenação de um técnico competente – mas, sem dúvida, *orienta* o seu trabalho.

Ao enfrentar resistência a um *suposto direito*, uma companhia poderá encomendar um parecer jurídico de um advogado especializado no tema. Referido técnico, exercendo análise acerca do caso concreto, poderá concluir que, de fato, a razão assistiria àquela companhia – o que poderá nortear sua "avaliação administrativa", culminando na propositura de uma ação judicial. É possível, no entanto, que ao considerar a jurisprudência

---

[171] "Art. 4º Quando a lei for omissa, o juiz decidirá o caso de acordo com a analogia, os costumes e os princípios gerais de direito." Decreto-Lei de nº 4.657, de 4 de setembro de 1942.

[172] A segurança jurídica que decorre da compreensão acerca dos precedentes judiciais é comumente referenciada pelos doutrinadores, especialmente em matéria tributária, de ampla complexidade no ordenamento jurídico brasileiro. Neste sentido: "O Poder Judiciário o exerce papel fundamental para a materialização da segurança no interior do sistema jurídico, pela construção de normas individuais e concretas que fixam os contornos semânticos das regras gerais e abstratas, possibilitando aos contribuintes atuarem em função desses vetores postos pelas decisões judiciais. Sobre ser tarefa indispensável e da maior envergadura no Estado Democrático de Direito, o exercício da função jurisdicional não se basta apenas na solução de conflitos intersubjetivos, mas, e principalmente, na demarcação de parâmetros para os comportamentos futuros, residindo exatamente nessa segunda proposição seu estreito vínculo e compromisso com o sentimento de previsibilidade e o princípio da não-surpresa.." Paulo de Barros Carvalho, 2005 *apud* TORRES, Heleno Taveira. **Limites à modificação da jurisprudência consolidada**, de 30 de janeiro de 2013. Disponível em: <http://www.conjur.com.br/2013-jan-30/consultor-tributario-limites-modificacao-jurisprudencia-consolidada>. Acesso em: 5 jan. 2016.

dos tribunais destinados ao exame final da matéria, verificasse que a maior parte das demandas análogas não tivesse encontrado amparo jurisprudencial – criando base de avaliação que mais se aproxima à finalidade da provisão, que é de antecipar um resultado *provável* – e não necessariamente *mais adequado* do ponto de vista técnico-jurídico.

Não podemos deixar de registrar que os argumentos acima têm base mais prática do que técnico-jurídica. De fato, seria razoável argumentar que a interpretação da norma por um técnico em Direito, se valendo dos métodos positivados para tal, seria mais adequada do que a avaliação de jurisprudência no âmbito do ordenamento jurídico brasileiro, que adotou o sistema romano-germânico ("Civil Law"). Sem prejuízo, não se pode deixar de reconhecer que a atividade jurisdicional brasileira tem se utilizado de ampla liberdade interpretativa e nem sempre é possível reconhecer a racionalidade por trás de cada decisão[173]. É neste contexto que a avaliação da jurisprudência – e mais especificamente, dos seus elementos mais objetivos ("relatório" e "dispositivo"), – tende a ser mais efetiva do que a avaliação direta da lei, conquanto fonte primária.

Finalmente, é possível afirmar que ao privilegiar bases de pesquisa mais objetivas se estaria evitando a pluralidade de opiniões que com frequência decorre da pesquisa dogmática – e que favoreceriam a assimetria de informação ao mercado e o gerenciamento de resultados.

O exame jurisprudencial, contudo, deve ser contemporizado pela necessidade inevitável de análise de cada caso concreto, sendo certo que mesmo elementos incidentais, tais como a perda de um prazo processual, a ausência de pré-questionamento de determinada matéria levada aos Tribunais Superiores e mesmo a falta de pagamento de uma guia de preparo recursal, têm capacidade de alterar inteiramente o curso de uma demanda.

Ainda sobre a análise jurisprudencial, há outros questionamentos relevantes. Suponhamos que uma companhia seja surpreendida por um auto de infração fiscal (processo administrativo), relacionado a débitos tributários que ela não reconhece; consultados advogados especialistas na maté-

---

[173] "Se pensarmos em função da previsibilidade da ação da autoridade, decisões tomadas dessa forma [baseadas na autoridade de operadores do Direito e não na racionalidade intrínseca da própria decisão] dependem mais das pessoas que ocupam a posição de autoridade do que de padrões decisões que orientem a instituição para além das pessoas. Portanto, sua estabilidade ao longo do tempo tende a variar as mudanças dos juízes individuais." RODRIGUEZ, José Rodrigo. **Como decidem as cortes? Para uma crítica do direito (brasileiro).** Rio de Janeiro: Editora FGV, 2013. PP. 78 e 79.

ria, chega-se a conclusão que (i) em esfera administrativa, o risco de perda é "provável"; e (ii) em esfera judicial – ou seja, caso a companhia se valha de medidas judicias para combater a cobrança, – o risco de perda é "possível" em primeira e segunda instâncias e "remoto" em terceira instância (tribunais superiores). Pergunta-se: qual percentual deveria ser considerado pela companhia para fins de provisionamento e elaboração de notas explicativas sobre aquele passivo contingente?

Como regra geral, somos da opinião que deve ser considerado exclusivamente o entendimento da autoridade (órgão ou alçada) cuja decisão prevaleça em relação às demais – afinal, a despeito das eventuais decisões divergentes ao longo do tempo, a decisão final é que poderá convalidar a existência e a exigibilidade de uma obrigação[174]. No exemplo acima, portanto, o risco de perda seria aquele determinado pelo entendimento dos tribunais superiores e poderia ser considerado "remoto", tornando-se desnecessário o provisionamento ou a elaboração de nota explicativa sobre o respectivo passivo contingente.

Por outro lado, mais uma vez chamamos a atenção para a complexidade do sistema processual brasileiro e suas implicações. Seguindo com o mesmo exemplo, ainda que o risco de perda conforme jurisprudência dos tribunais superiores fosse "remoto", se constatada a probabilidade de que o recurso em referência (i) não atribuiria efeito suspensivo a uma decisão desfavorável de instância inferior, possibilitando sua execução provisória; ou (ii) não ultrapassaria o exame de admissibilidade àquela corte, passaria a ser mais adequado considerar a probabilidade relacionada à instância inferior.

Ambas as situações têm o comum o fato de que determinada Corte, por mais favorável que pudesse ser à tese, não teria condão de impedir a saída de recursos para fazer frente à condenação anterior[175]. Assim, em ambas

---

[174] V. nota de rodapé de nº 175, a seguir.

[175] A desconsideração da jurisprudência de uma determinada alçada para fins de avaliação de probabilidade de perda em função do recurso competente provavelmente não ser passível de efeito suspensivo, em que pese estar amparado pelo Princípio da Prudência, tende a despertar controvérsias. Um dos aspectos a ser considerado é que o CPC 25 determina a necessidade de provisionamento quando for provável a saída de recursos para *liquidar* uma obrigação, o que parece conflitar com a natureza provisória dessa modalidade executiva. Sem prejuízo, opinamos que a Execução Provisória efetivamente *liquida* a obrigação fundada em título judicial, ainda que sujeita à reversão, em caso de acórdão que modifique ou anule a sentença objeto da execução, nos termos do artigo 520, II, do Código de Processo Civil, Lei de nº 13.105, de 16 de março de 2015.

as hipóteses alternativas, o risco de perda do exemplo acima passaria a ser considerado "possível", passando a exigir a publicação de nota explicativa.

Por mais que seja desejável priorizar elementos objetivos de pesquisa para determinar o risco de perda de uma demanda, é importante olhar criticamente um método eventualmente adotado, que consiste em fixar genericamente percentuais de riscos de acordo com determinadas matérias e/ou estágios processuais de uma demanda. Para ilustrar, tais regras poderiam estabelecer que: (i) toda nova demanda de natureza civil seria imediatamente classificada com risco de perda "remoto"; (ii) toda nova demanda de qualquer outra natureza seria imediatamente classificada com risco de perda "possível"; e (iii) toda demanda com decisão de primeira instância desfavorável à empresa, independentemente da sua natureza, seria reclassificada com risco de perda "provável".

Ora, por mais que uma companhia possa reconhecer que a *maior parte* das demandas que preencham determinados requisitos, tais como a natureza da causa e o estágio processual, viriam ou não a constituir um passivo, é certo que não se pode estender indiscriminadamente a conclusão a todo um grupo de processos. Com efeito, este tipo de generalização é um desvio típico do método dedutivo de pesquisa[176].

Por todo exposto, ainda que longe de exaurir o tema, pretendemos demonstrar que o privilegiar métodos objetivos de classificação dos riscos de perda de ações judiciais e administrativas se coaduna com o objetivo das normas de provisionamento e divulgação de notas explicativas de passivos contingentes e contribui para diminuição da assimetria de informação ao mercado e do gerenciamento de resultados. Não se pode deixar de registrar, contudo, que permanece imprescindível a análise de cada caso concreto.

4.4. Estimando Contingências: Qual Critério Deve ser Utilizado para Mensurar o Valor dos Passivos Contingentes

Ultrapassado o desafio de classificar o risco de perda de um processo judicial ou administrativo, passa-se à delicada tarefa de mensurar o valor das *contingências*[177].

---

[176] MEZZAROBA, Orides; MONTEIRO, Claudia Servilha. **Manual de metodologia da pesquisa no direito.** 5.ed. São Paulo: Editora Saraiva, 2009. P. 63

[177] A expressão *contingência* está sendo empregada metonimicamente, em substituição a *passivo contingente*. V. nota de rodapé de nº 50, acima.

Quando se trata de um passivo contingente que tenha preenchido os dois primeiros critérios para reconhecimento de uma provisão, quais sejam, ser uma "obrigação presente", resultante de um evento passado e ser provável a "saída de recursos" para liquidar referida obrigação, a possibilidade de se realizar uma "estimativa confiável" do valor da obrigação ganha especial relevância – pois, sem isso, não poderá ser realizada uma provisão, mas apenas divulgado um passivo contingente[178]. A possibilidade de se realizar uma estimativa confiável, portanto, constitui o terceiro critério de reconhecimento de uma provisão.

Para além dos critérios de reconhecimento, é fato que a mensuração do valor dos passivos contingentes é um importante componente da contabilidade corporativa – sendo certo que será ainda mais relevante quando se referir a passivos provisionados, haja vista, como tratamos no item 3.4, acima, produzirem efeito em relação ao resultado da companhia, podendo impactar os dividendos, as reservas de lucros e o balanço patrimonial do exercício.

Como vimos no item 3.3.3, acima, consciente da diferença de relevância entre os valores das provisões e dos passivos contingentes divulgados, o Comitê de Pronunciamentos Contábeis previu regras diferentes em relação às informações obrigatórias de cada categoria.

Para os passivos contingentes divulgados, o CPC 25 exigiu apenas que se informasse, quando possível, uma estimativa do seu efeito financeiro, uma indicação das incertezas relacionadas ao valor ou momento de ocorrência de qualquer saída e a possibilidade de qualquer reembolso[179]. Já para as provisões, foram estabelecidos dois grupos de informação, um para as *provisões em si*, incluindo obrigatoriedade de informar cronograma esperado de quaisquer saídas de recursos[180], e outro para as *variações ocorridas* durante o período, entre uma e outra demonstração financeira, incluindo seu valor contábil ao início e ao fim do período, os valores utilizados e

---

[178] "Nos casos extremamente raros em que nenhuma estimativa confiável possa ser feita, existe um passivo que não pode ser reconhecido. Esse passivo é divulgado como um passivo contingente (item 86)." Comitê de Pronunciamentos Contábeis, Pronunciamento Técnico nº 25, de 26 de junho de 2009, item 26.

[179] Comitê de Pronunciamentos Contábeis, Pronunciamento Técnico nº 25, de 26 de junho de 2009, item 86.

[180] Comitê de Pronunciamentos Contábeis, Pronunciamento Técnico nº 25, de 26 de junho de 2009, item 85.

revertidos durante o período e o aumento durante o período no valor descontado a valor presente proveniente da passagem do tempo e o efeito de qualquer mudança na taxa de desconto[181].

É no que se refere aos métodos de mensuração dos valores contingentes, contudo, que as principais dúvidas são suscitadas.

Como brevemente abordado no item 3.3.6, acima, o CPC 25 determina que o valor a ser atribuído a uma provisão deve corresponder à melhor estimativa do desembolso exigido para liquidar referida obrigação na data de fechamento do balanço[182]; ainda, conceitua "melhor estimativa" como o valor que a entidade pagaria para liquidar ou transferir a terceiro a obrigação na data de fechamento do balanço[183]. É atribuído à administração da entidade determinar a estimativa a ser utilizada, valendo-se de experiência em casos semelhantes e, se necessário, de relatórios de peritos independentes[184].

Além do conceito acima – o qual, diga-se, carece de metodologia – o Comitê de Pronunciamentos Contábeis "sugere"[185] como critério de mensuração o chamado *desfecho individual mais provável*, pelo qual a estimativa de valor que se julgar mais provável deverá ser considerada. Vê-se, desde logo, que este modelo difere do anterior, pois não parece guardar relação com o que entidade pagaria para liquidar ou transferir a terceiro a obrigação na data de fechamento do balanço – mas, isso sim, pretende aferir o valor que ela *efetivamente desembolsaria* no futuro.

Ainda em relação ao critério acima ("desfecho individual mais provável"), o CPC 25 estipula que outros desfechos possíveis também deverão ser "considerados", sendo que a melhor estimativa possível variará para

---

[181] Comitê de Pronunciamentos Contábeis, Pronunciamento Técnico nº 25, de 26 de junho de 2009, item 84.

[182] Comitê de Pronunciamentos Contábeis, Pronunciamento Técnico nº 25, de 26 de junho de 2009, item 36.

[183] Comitê de Pronunciamentos Contábeis, Pronunciamento Técnico nº 25, de 26 de junho de 2009, item 37.

[184] Comitê de Pronunciamentos Contábeis, Pronunciamento Técnico nº 25, de 26 de junho de 2009, item 38.

[185] Indicamos que o Comitê de Pronunciamentos Contábeis apenas sugere referido critério de mensuração haja vista a redação do seguinte trecho do parágrafo 40 do Pronunciamento Técnico nº 25, de 26 de junho de 2009: "Quando uma única obrigação estiver sendo mensurada, o desfecho individual mais provável *pode ser* a melhor estimativa do passivo. Porém, mesmo em tal caso, a entidade considera outras consequências possíveis" (itálico nosso).

mais ou para menos, de acordo com os valores relacionados a cenários de "impacto significativo"[186]. O órgão técnico não esclarece, contudo, a partir de qual percentual uma probabilidade passaria a ser considerada significativa, tampouco o quanto o valor da melhor estimativa possível seria afetado pelos eventuais cenários alternativos.

Outro aspecto a ser levado em consideração diz respeito às chamadas *classes de provisões*[187]. O CPC 25 determina que quando houver diversas obrigações de uma mesma natureza, tais como garantias sobre produtos vendidos, a avaliação de probabilidade deve ser realizada em consideração ao grupo[188] – ou seja, a provisão será necessária se houver mais chance de ocorrer do que de não ocorrer *qualquer* dos dispêndios, ainda que, individualmente, as probabilidades sejam insignificantes.

Para tal hipótese, contudo, é proposto um critério de mensuração diverso. Quando se trata de uma classe de provisão reconhecida em relação a obrigações similares, o CPC 25 estabelece que a estimativa corresponda aos valores dos desfechos possíveis ponderados pelas suas probabilidades. Depreende-se com mais clareza a partir dos exemplos colacionados à norma que o critério de mensuração para uma classe de provisão pode ser resumido à média aritmética ponderada[189] entre os valores possíveis das obrigações reunidas e as suas respectivas probabilidades.

Para maior clareza sobre o tema, além do que consta em seus apêndices – os quais, formalmente, não fazem parte do Pronunciamento Técnico – o CPC 25 inclui em seu corpo um exemplo de mensuração de uma obriga-

---

[186] Comitê de Pronunciamentos Contábeis, Pronunciamento Técnico nº 25, de 26 de junho de 2009, item 40.
[187] V. item 3.3.4, acima.
[188] Comitê de Pronunciamentos Contábeis, Pronunciamento Técnico nº 25, de 26 de junho de 2009, item 24.
[189] Pela média aritmética simples, calcula-se o valor médio de todas as ocorrências, sem atribuir pesos. Para casos em que as ocorrências possuem relevância distinta, contudo, deve se aplicar a média aritmética ponderada, que o calcula-se o valor médio de todas as ocorrências, aplicados os respectivos pesos. A média aritmética ponderada (p) de um conjunto de números (x1, x2, x3, ..., xn), cujo peso seja respectivamente (p1, p2, p3, ..., pn), é calculada pela seguinte fórmula:

$$M_p = \frac{x_1 p_1 + x_2 p_2 + ... + x_n p_n}{p_1 + p_2 + ... + p_n}$$

ção individual[190] e um exemplo de mensuração de um grupo de obrigações semelhantes[191].

Assim, consolidamos a seguir os vários critérios possíveis de mensuração de valores de provisões, em estrita consonância com o CPC 25:

(i) "desembolso para liquidação presente", pelo qual a melhor estimativa corresponderia ao valor do desembolso exigido para liquidar ou transferir a terceiro a obrigação na data de fechamento do balanço;

(ii) "desfecho individual mais provável", para obrigações individuais, pelo qual a melhor estimativa corresponderia ao valor equivalente ao desfecho mais provável da obrigação, podendo variar de acordo com os valores equivalentes aos demais desfechos de impacto significativo; e

(iii) "média ponderada dos desfechos possíveis e respectivas probabilidades", para obrigações similares (classes de provisão), pelo qual a melhor estimativa corresponderia à média aritmética ponderada entre os valores possíveis das obrigações reunidas e as suas respectivas probabilidades.

Aqui, novamente, a abertura do CPC 25 favorece a coexistência de diversos critérios por parte das funções corporativas envolvidas com o

---

[190] "Por exemplo, se a entidade tiver de reparar um defeito grave em uma fábrica importante que tenha construído para um cliente, o resultado individual mais provável pode ser a reparação ter sucesso na primeira tentativa por um custo de $ 1.000, mas a provisão é feita por um valor maior se houver uma chance significativa de que outras tentativas serão necessárias." Comitê de Pronunciamentos Contábeis, Pronunciamento Técnico nº 25, de 26 de junho de 2009, item 40.

[191] "A entidade vende bens com uma garantia segundo a qual os clientes estão cobertos pelo custo da reparação de qualquer defeito de fabricação que se tornar evidente dentro dos primeiros seis meses após a compra. Se forem detectados defeitos menores em todos os produtos vendidos, a entidade irá incorrer em custos de reparação de 1 milhão. Se forem detectados defeitos maiores em todos os produtos vendidos, a entidade irá incorrer em custos de reparação de 4 milhões. A experiência passada da entidade e as expectativas futuras indicam que, para o próximo ano, 75 por cento dos bens vendidos não terão defeito, 20 por cento dos bens vendidos terão defeitos menores e 5 por cento dos bens vendidos terão defeitos maiores. De acordo com o item 24, a entidade avalia a probabilidade de uma saída para as obrigações de garantias como um todo. (¶) O valor esperado do custo das reparações é: (75% × 0) + (20% × $1 milhão) + (5% × $ 4 milhões) = $ 400.000." Comitê de Pronunciamentos Contábeis, Pronunciamento Técnico nº 25, de 26 de junho de 2009, item 39.

tema, notadamente advogados, contadores e auditores, com potencial assimetria de provisões e notas explicativas entre as empresas, além da possibilidade de gerenciamento de resultados. Neste cenário, procuramos analisar referidos critérios de mensuração a fim de determinar, com maior objetividade possível, qual deles deveria ser privilegiado pelas companhias.

Pela leitura do CPC 25, há que se reconhecer que o "desembolso para liquidação presente", pelo qual a melhor estimativa corresponderia ao valor do desembolso exigido para liquidar ou transferir a terceiro a obrigação na data de fechamento do balanço, figura como uma regra geral – aplicável às provisões individuais ou coletivas, – a não ser que outro critério pudesse ser considerado mais adequado. Essa conclusão decorre do fato de que referido critério decorre da própria conceituação de "melhor estimativa" – que, de acordo com o Comitê, "deve" (e não "pode"), basear o valor a ser reconhecido para fins de provisionamento[192]. Corrobora com a tese de regra geral os fatos de que (i) o segundo critério ("desfecho individual mais provável") é apresentado a título de alternativa[193]; e (ii) o terceiro critério estar relacionado a uma hipótese específica, em que a provisão envolver uma "grande quantidade de itens"[194].

Em que pese o critério de "desembolso para liquidação presente" figurar, portanto, como regra geral de mensuração, nos termos do CPC 25, há que se reconhecer que referido critério é pouco utilizado pelas companhias.

Consideramos que, à luz das normas atuais sobre provisionamento, a impopularidade deste critério seja um fato positivo. De acordo com o critério que chamamos de "desembolso para liquidação presente", a melhor estimativa do valor a ser reconhecido de um passivo contingente corresponderia ao valor do desembolso exigido para liquidar ou transferir a terceiro

---

[192] "O valor reconhecido como uma provisão deve ser a melhor estimativa do desembolso exigido para liquidar a obrigação presente na data do balanço." Comitê de Pronunciamentos Contábeis, Pronunciamento Técnico nº 25, de 26 de junho de 2009, item 36.

[193] "Quando uma única obrigação estiver sendo mensurada, o desfecho individual mais provável pode ser a melhor estimativa do passivo." Comitê de Pronunciamentos Contábeis, Pronunciamento Técnico nº 25, de 26 de junho de 2009, item 40. Adicionalmente, v. nota de rodapé de nº 185, acima.

[194] "Quando a provisão a ser mensurada envolve uma grande população de itens, a obrigação deve ser estimada ponderando-se todos os possíveis desfechos pelas suas probabilidades associadas." Comitê de Pronunciamentos Contábeis, Pronunciamento Técnico nº 25, de 26 de junho de 2009, item 39.

a obrigação na data de fechamento do balanço. Em se aplicando rigorosamente este método, no mais das vezes, o valor resultante não corresponderia ao valor total do objeto de uma ação judicial ou administrativa – e sim a um número variável, sujeito a flutuações, e cuja principal referência se daria pelo valor de mercado que se pudesse atribuir àquela obrigação.

A título exemplificativo, suponhamos que fosse promovida em face de uma determinada companhia uma Ação Ordinária de Cobrança, relacionada a débitos em certa medida controvertidos, cujo risco de perda, porém, fosse estimado como "provável". Tradicionalmente, seria provisionado o valor integral atribuído à causa. De acordo com o critério de "desembolso para liquidação presente", porém, a companhia poderia provisionar apenas o percentual do débito em litígio pela qual, teoricamente, ela poderia transacionar com a parte autora da demanda ou mesmo transferir a obrigação a terceiro.

Do ponto de vista econômico, em se tratando de processos judicias ou administrativos, é notório que diversos fatores, sobretudo a *incerteza* e o *tempo* atrelados à sua satisfação, inevitavelmente desvalorizam o valor presente que se poderia atribuir ao seu objeto. Tal constatação pode ser facilmente corroborada, dentre outros exemplos, pela inevitável taxa de desconto em inúmeros acordos judicias e pelo preço de venda de títulos de crédito sujeitos a procedimento executivo. Ainda que se pudesse isolar apenas o fator "incerteza" inerente a um processo, o seu valor tipicamente poderia ser aferido pelo resultado do seu *valor presente* multiplicado pela sua *probabilidade de satisfação*.

Se a regra geral é pouco utilizada, portanto, passamos à alternativa fornecida pelo Comitê de Pronunciamentos Contábeis para mensuração de valores de obrigações individuais.

De acordo com o critério a que chamamos de "desfecho individual mais provável", a melhor estimativa corresponderia ao valor equivalente ao desfecho mais provável da obrigação, podendo variar de acordo com os valores equivalentes aos demais desfechos de impacto significativo. A primeira parte do conceito – de mais fácil compreensão – significa que deverá ser provisionado o valor de liquidação mais provável como desfecho do processo em questão. Neste ponto, é importante diferenciar as probabilidades de risco de perda e do valor de liquidação. Ou seja, de acordo com este critério, cada passivo contingente seria sujeito a dois exames de probabilidade distintos, quais sejam:

(i) Quanto ao "risco de perda", para concluir pelo provisionamento ou divulgação; e
(ii) Quanto ao "valor de liquidação" mais provável (X>50%), para que este valor fosse reconhecido como provisão ou divulgado como passivo contingente.

Um caso real emblemático pode auxiliar na compreensão deste critério. Em uma Ação de Indenização por Danos Morais, um consumidor alegou ter adquirido uma bebida fabricada pela empresa ré que estaria inadequada para o consumo, provocando "desconforto"; o valor do pedido, a título de danos morais, foi de R$ 80 milhões. A companhia poderia reconhecer o risco de perda do processo como "provável", levando ao reconhecimento de uma provisão. Em relação ao valor, porém, incumbiria à empresa considerar o *valor de liquidação* mais provável – que não seria, evidentemente, o exorbitante valor do pedido[195].

Dificulta a aplicação deste critério, contudo, a orientação do Comitê de Pronunciamentos Contábeis no sentido de que, além do desfecho individual mais provável, "outros valores relevantes" deverão ser considerados, impactando o valor a ser reconhecido[196]. Como mencionado acima, o órgão técnico não esclarece a partir de qual percentual uma probabilidade seria considerada significativa, tampouco o quanto o valor da melhor estimativa possível seria afetado pelos eventuais cenários alternativos.

Em termos práticos, a disposição do Comitê de Pronunciamentos Técnicos de que o desfecho individual mais provável poderia ser impactado pelos valores equivalentes aos demais desfechos nos impele a estender a utilização do critério de média aritmética ponderada destes valores em relação às suas respectivas probabilidades[197] – que o CPC 25 dedicou apenas às "classes de provisão". Do ponto de vista matemático, entendemos que a média aritmética ponderada se apresenta como uma solução natural a ser aplicada ao "desfecho individual mais provável", por estabelecer um critério objetivo e logicamente sustentável sobre qual valor atribuir a cada desfecho alternativo.

---

[195] Tribunal de Justiça do Estado de São Paulo. Apelação de nº 132.509-4/6. Rel. Des. Laerti Nordi. O valor de indenização estipulado pela corte foi de 50 salários-mínimos.
[196] Comitê de Pronunciamentos Contábeis, Pronunciamento Técnico nº 25, de 26 de junho de 2009, item 40.
[197] V. nota de rodapé de nº 172, acima.

Avaliaremos a partir de um caso concreto. Suponhamos que fosse promovida em face de uma determinada companhia uma Ação de Execução por Quantia Certa, cujo risco de perda fosse estimado como "provável". O valor da causa seria de R$ 1 milhão, sendo R$ 500 mil de valor principal e R$ 500 mil de multa. Em sede de Embargos à Execução, a companhia tivesse alegado nulidade dos títulos executivos e da cláusula penal. Em sua análise, os técnicos competentes avaliariam três desfechos possíveis:

(i) Improcedência dos Embargos à Execução, implicando na obrigatoriedade de pagamento de R$ 1 milhão (principal e multa), com sessenta por cento (60%) de probabilidade;
(ii) Procedência Parcial dos Embargos do Devedor, implicando na obrigatoriedade de pagamento de R$ 500 mil (principal), com trinta por cento (30%) de probabilidade; e
(iii) Procedência dos Embargos do Devedor, implicando na anulação integral do crédito, com dez por cento (10%) de probabilidade.

Aplicando o critério da média aritmética ponderada, com base nos desfechos possíveis, chegaríamos ao valor final de R$ 750 mil[198] – ao invés de R$ 1 milhão, que se daria em consideração exclusiva do valor do desfecho individual mais provável.

Ademais, a própria utilização do método parece reduzir a importância da recomendação do Comitê de Pronunciamentos Contábeis no sentido de que deveriam ser considerados somente desfechos de "impacto significativo", para mais ou para menos[199]. Antes de tudo, porque é da própria natureza das estimativas que se desprezem desfechos de probabilidade – e consequente *impacto* ou *peso* – ínfimos. Ou seja, por mais que um técnico reconheça que o valor estimado de cada processo judicial ou administrativo se situe em uma faixa composta por inúmeros valores (vários deles de ínfima probabilidade[200]), acertadamente sua avaliação será focada em

---

[198] Conforme aplicação da fórmula indicada à nota de rodapé de nº 172, acima.
[199] "Quando uma única obrigação estiver sendo mensurada, o desfecho individual mais provável pode ser a melhor estimativa do passivo. (...) Quando outras consequências possíveis forem principalmente mais altas ou principalmente mais baixas do que a consequência mais provável, a melhor estimativa será um valor mais alto ou mais baixo". Comitê de Pronunciamentos Contábeis, Pronunciamento Técnico nº 25, de 26 de junho de 2009, item 40.
[200] Conforme o exemplo mencionado na nota de rodapé de nº 198, poderíamos citar, ilustrativamente, que os técnicos poderiam ser capazes de arbitrar probabilidades significativas

desfechos "razoáveis", devidamente delimitados pelo alcance do objeto da ação e da respectiva defesa.

Ademais, o método aritmético favorece que valores imponderáveis sejam superados pelo cálculo. Para este exemplo, retomemos a hipótese de uma Ação de Indenização por Danos Morais – cuja subjetividade frequentemente desafia a capacidade de valoração pelo Poder Judiciário. Em análise da causa, a que o autor tivesse atribuído para fins de alçada o valor de R$ 150 mil, suponhamos que os técnicos competentes pudessem estimar três desfechos:

(i) Procedência da Ação de Indenização, com condenação pelo valor do pedido, de R$ 150 mil, com vinte e cinco por cento (25%) de probabilidade; e

(ii) Procedência da Ação de Indenização, com condenação em valor a ser arbitrado pelo Juízo – ou seja, qualquer valor, digamos que de R$ 1 até o infinito, – com setenta e cinco por cento (75%) de probabilidade.

É certo que o item "ii", acima, não possibilita mensuração. Ora, por mais que faltassem precedentes análogos ao caso em referência, a busca pela melhor estimativa *possível* poderia levar os técnicos a considerar que a base histórica de condenações por danos morais no âmbito daquela circunscrição judiciária se situava no intervalo de R$ 1 a R$ 100 mil, estabelecendo, portanto, o valor médio aproximado de R$ 50 mil.

Aplicando o critério da média aritmética ponderada, portanto, com base nos desfechos possíveis, chegaríamos ao valor final de R$ 75 mil[201] – ao invés de R$ 150 mil, que se daria em consideração exclusiva do único desfecho individual conhecido. A solução para este caso foi atribuir um percentual único a uma "faixa de valores", de R$ 1 a R$ 100 mil, simplificado pela sua média aritmética simples, ao invés de impossibilitar qualquer estimativa[202], ou tampouco exigir que se estabelecesse com exatidão

---

de condenação por danos morais da ordem de "10, 20, 50 ou 100 salários-mínimos", e tão somente desconsiderar probabilidades ínfimas – por exemplo, de "0,001%" de condenação por danos morais em R$ 80 milhões (valor do pedido).

[201] Conforme aplicação da fórmula indicada na nota de rodapé de nº 189, acima.

[202] Lembrando que na impossibilidade de se realizar uma estimativa quanto ao valor de um passivo contingente, fica inviabilizado o reconhecimento de uma provisão. "Nos casos extremamente raros em que nenhuma estimativa confiável possa ser feita, existe um passivo

quaisquer outros desfechos "impacto significativo", tais como eventuais 1%, 5% ou 10% de chance de uma condenação de "X", "Y" ou "Z". Em outras palavras, uma faixa de valor se presta a viabilizar o cálculo.

A aplicação critério da média aritmética ponderada, por mais adequado do ponto de vista matemático, tende suscitar desconfiança por parte dos contadores tradicionais, sobretudo em exemplos tais como o acima, em que implicam em redução do valor a ser provisionado. Não se pode deixar de reconhecer que a preocupação tem bases teóricas. Com efeito, decorre do Princípio da Prudência, segundo o qual, havendo mais de uma alternativa, deve se optar pelo menor valor para o ativo e maior valor para o passivo, impondo sempre a hipótese que resulte menor patrimônio líquido.

Ainda assim, somos da opinião que o critério acima deva ser prioritariamente utilizado pelas companhias – independentemente do impacto positivo ou negativo para o valor estimado, justamente em observância ao que dispõe o Comitê de Pronunciamentos Contábeis ao introduzir a variação ao "desfecho individual mais provável", admitindo textualmente que a diferença fosse "para mais" ou "para menos"[203]. Referida opção ademais, favorece que a estimativa dos valores seja a mesma para passivos contingentes divulgados individual ou coletivamente – uma vez que para a divulgação em classes, o CPC 25 já previa a utilização da média ponderada dos desfechos e suas respectivas probabilidades.

Outra questão relevante e que carece de uniformização pelas companhias diz respeito à possibilidade de desmembramento de processo judicial ou administrativo, a fim de se reconhecer uma provisão somente em relação à parte daquela demanda.

Para responder este questionamento, precisamos retornar o conceito de que é o *objeto* de um processo judicial ou administrativo, na medida em que configure uma obrigação contra a companhia, que constituirá um *passivo contingente*[204]. Desta feita, é o *objeto* e não o *processo*, enquanto meio de processamento de uma demanda perante determinada autoridade administrativa ou judicial, que pode ser contingenciado.

---

que não pode ser reconhecido. Esse passivo é divulgado como um passivo contingente (item 86)." Comitê de Pronunciamentos Contábeis, Pronunciamento Técnico nº 25, de 26 de junho de 2009, item 26.

[203] V. nota de rodapé de nº 199, acima.
[204] V. itens 1.2.2 e 4.1, acima.

Se o objeto de uma demanda engloba mais de um *pedido*, sendo que cada um deles será individualmente avaliado para que seja ou não dado provimento, é razoável que a companhia também possa avaliar individualmente a probabilidade de cada pedido – e que, assim procedendo, possa concluir por diferentes riscos de perda, levando a provisionar somente parte do processo em referência.

Este tema pode ser bem compreendido com um exemplo específico: as demandas trabalhistas tipicamente agregam diversos pedidos decorrentes da mesma relação laboral. Suponhamos, assim, que fosse promovida em face de uma determinada companhia uma Reclamação Trabalhista cujo objeto pudesse ser limitado a três pedidos, quais sejam: indenização por dano moral; pagamento de adicional de insalubridade; e pagamento de horas extras não reconhecidas.

Se em análise técnica se considerasse que somente ao último pedido (pagamento de horas extras não reconhecidas) corresponderia o risco de perda "provável", entendemos que a companhia deveria provisionar somente o valor equivalente a este pedido e não ao valor total da demanda[205].

Por fim, chamamos a atenção para a singularidade do tema para fins de correções monetárias periódicas dos valores das provisões e dos passivos contingentes divulgados. Diferentemente dos demais valores indicados nas demonstrações financeiras, que usualmente são revisados com base em taxas de juros de mercado, devem ser consideradas as regras específicas que regulam a correção dos valores dos processos judiciais e administrativos[206].

---

[205] Referido desmembramento se coaduna com as recentes mudanças no processo civil brasileiro, com a possibilidade de que sejam proferidas sentenças parciais, ou seja, decisões que julguem definitivamente um ou mais dos pedidos formulados ou parcela deles, nos termos do artigo 356 do Código de Processo Civil, Lei de nº 13.105, de 16 de março de 2015.

[206] A título exemplificativo, por deliberação da Presidência do Tribunal de Justiça de São Paulo, publicada por comunicado em 24 e 28 de junho de 1993, os débitos judiciais no âmbito da Justiça Cível do Estado de São Paulo devem ser atualizados conforme índice publicado pelo próprio tribunal, exceto para casos com normas específicas estabelecidas por lei ou com decisão transitada em julgado estabelecendo critério e índices diferentes.

5
Propostas de Boas Práticas de Provisionamento

5.1. Por que Complementar as Regras do CPC 25?

Como foi sendo mencionado em diversas passagens do presente estudo, consideramos que há certas limitações nas regras relacionadas ao tema – sobretudo subjetividade, – as quais, com maior ou menor gravidade, impactam a forma como as provisões e as notas explicativas sobre passivos contingentes têm sido tratadas pelas companhias brasileiras.

Ao avaliar referidas deficiências e avaliar suas origens, sobretudo o fato de que as normas locais que regem a matéria estão baseadas na regulação internacional, notadamente no *International Accounting Standard* (IAS) de nº 37, fomos forçados a reconhecer que grande parte dessa subjetividade decorre da propositalevolução do sistema contábil baseado mais em *princípios* do que em *regras formais*[207].

---

[207] Neste sentido, útil a explanação da Comissão de Valores Mobiliários: "Objetivamente, [o período implementação das normas internacionais de contabilidade] foi um período dedicado a averiguar como as companhias abertas e seus auditores independentes estariam atuando em face de um novo ambiente orientado por princípios ("principles-oriented"), com a prevalência da substância econômica das transações, em detrimento da cultura estabelecida por um ambiente orientado por regras ("rules-oriented"). (¶) Essa quebra de paradigma exige uma mudança significativa na atuação dos administradores das companhias abertas (responsáveis pela elaboração das demonstrações contábeis) e na atuação de seus auditores independentes (responsáveis pela auditoria de referidas demonstrações contábeis), pois demanda de ambos julgamento e interpretação de eventos econômicos e sua representação fidedigna, à luz de conceitos contábeis vigentes." COMISSÃO DE VALORES MOBILIÁRIOS, **Ofício-circular/CVM/SNC/SEP/nº 01/2013**, de 8 de fevereiro de 2013. Disponível em: <http://www.cvm.gov.br/export/sites/cvm/legislacao/circ/snc-sep/anexos/oc-snc-sep-0113.pdf>. Acesso em: 10 jun. 2015.

A primeira justificativa que identificamos para o sistema contábil baseado em princípios diz respeito à sua vocação internacional, de modo que tais regras seriam aptas a serem mais facilmente implementadas em diversos ordenamentos jurídicos. Ao avaliar críticas às normas contábeis do IASC e, posteriormente, do IASB, contudo, foi possível compreender que a principal razão para a subjetividade se refere à crença, reforçada pelas fraudes contábeis da Enron e da Worldcom, que a prevalência do sistema baseado em princípios ("principles-oriented") em detrimento do baseado em regras ("rules-oriented"), amplia a responsabilidade dos profissionais envolvidos, evitando desvios de *essência*, mas que pudessem ser considerados válidos de acordo com regras excessivamente *formais*[208].

Não pretendemos lançar críticas ao importante conceito de prevalência de essência sobre a forma nas demonstrações financeiras. Limitamo-nos, contudo, à singela proposição de que se devem envidar esforços em busca do ponto ótimo de subjetividade da norma contábil – evitando, por um lado, o excesso de regras que pudessem isentar os profissionais responsáveis de perseguir a essência dos fatos, mas igualmente, por outro lado, evitar a omissão ou a contradição entre regras genéricas, que possam fomentar práticas contábeis divergentes ou gerenciamento de resultados.

Pelo que pudemos demonstrar por alguns dos exemplos contidos no item 4, acima, somos da opinião que as regras atuais de provisionamento,

---

[208] Para melhor compreensão, destacamos uma análise bastante crítica deste fenômeno: "Para os contadores, é muito mais fácil conviver com regras detalhadas do processo contábil, pois não é preciso consultar pessoas, não é preciso assumir responsabilidades por decidir fazer desse ou daquele jeito. Pensa-se assim: 'A responsabilidade é de quem fez a norma.' Isso é uma salvaguarda do contador (do mau contador) e também do auditor (do não confiante auditor). Existindo a regra superdetalhada, não é preciso assumir responsabilidade, basta seguir a regra. Não é necessário pensar e nem decidir. Não é necessário, enfim, refletir sobre a essência do negócio. (...) As consequências são claras, vejamos. No EUA havia uma regrinha que estabelecia: se a participação na Sociedade de Propósito Específico (SPE) for menor que 3%, não precisava checar se é coligada, controlada etc., por considera-se um investimento irrelevante. Seguindo as regras, poder-se-ia constituir uma SPE e lanças as dívidas lá, deixando limpo o balanço da investidora, desde que a participações chegassem até 2,99%, porque não era obrigatória a consolidação, mesmo que, na essência, a SPE fosse totalmente controlada por essa entidade com investimento tão pequeno. (¶) Essa regrinha foi uma das responsáveis por uma das maiores bancarrotas na virada para este século, a da Enron, e a queda da empresa de auditoria americana Arthur Andersen (...)" MARTINS, Eliseu; DINIZ; Josedilton Alves; MIRANDA, Gilberto José. **Análise detalhada das demonstrações contábeis**: uma abordagem crítica. São Paulo: Editora Atlas, 2012. PP. 54-55

tais como formalizadas pelo CPC 25, carecem de objetividade[209] e comprometem a conformidade as demonstrações financeiras das companhias brasileiras. Ademais, da simples leitura de balanços de grandes companhias brasileiras se permite identificar a inconsistência entre as formas de provisionamento e de divulgação de notas explicativas de ações judiciais e administrativas entre as companhias[210].

Com isso em mente, mas também conscientes de que a norma local está baseada em padrões internacionais, de tal modo que não seria realista considerar mudanças que pudessem afastar o país dessa regulação uniforme, chegamos ao desafio de concluir o presente estudo com propostas de diretrizes de boas práticas que pudessem efetivamente ser aplicadas pelas companhias brasileiras, como uma *complementação* ao CPC 25.

É relevante destacar o exemplo da Advocacia-Geral da União, que por meio da Portaria de nº 40, de 10 de fevereiro de 2015, estabeleceu critérios e procedimentos para serem utilizados pelo órgão ao prestar informações sobre ações judiciais que representem riscos fiscais contra a União, suas autarquias ou fundações públicas. O objetivo da norma foi padronizar a atuação do órgão quanto à classificação de riscos das ações judiciais avaliadas, reduzindo a assimetria de provisões e notas explicativas entre as diversas entidades. Em linhas gerais, somos favoráveis à iniciativa do órgão em uniformizar sua atuação, ainda que as diretrizes, em nosso entendimento, não tenham sido ideais – com destaque para a excessiva simplificação, tais como que a determinados estágios de um processo corresponderia uma classificação de risco (desconsiderando as especificidades de cada caso).

É certo que, haja vista a extensão e a complexidade do tema, as possibilidades de conteúdo e forma para tal complementação ao CPC 25 seriam inúmeras. Neste contexto e pelas propostas não representarem o núcleo deste trabalho, limitamo-nos a enunciados simples, que mais endereçam temas para serem aperfeiçoados, ao invés de procurar esgotá-los. Apesar

---

[209] "É remoto, possível ou provável? A decisão de colocar uma etiqueta em cada pendência fiscal, trabalhista ou cível (...) não é simples como pode parecer. (...) Com uma simples opinião, a administração de uma empresa pode aumentar ou diminuir o resultado de um exercício. (...) 'A conta de provisões dos balanços é cheia de subjetividades e legislação complexa gera possibilidade altíssima de gerenciamento de resultados' (...)." TORRES, Fernando. **Ambiente jurídico do país facilita gerenciamento de resultados**. de 5 de outubro de 2012. Jornal Valor Econômico.

[210] V. nota de rodapé de nº 12.

disso, para cada tópico foi mantida a indicação dos itens do presente estudo em que os temas foram abordados com maior profundidade.

Estabelecemos como principais propostas para contribuir materialmente às normas do CPC 25 diretrizes decorrentes dos itens 4.2, 4.3 e 4.4, acima, quais sejam, atribuir valores percentuais aos critérios de classificação de risco; estipular critérios para avaliação de risco de perda de um processo judicial e administrativo; e estipular critérios para mensurar o valor de um passivo contingente.

Do ponto de vista operacional, concluímos que tais diretrizes deveriam ser introduzidas por recomendações sobre competências e segregação de funções, bem como sobre a implementação de procedimentos e formulários de avaliação de processos – meios pelos quais essas regras complementares poderiam ser formalizadas no âmbito interno de cada companhia e orientar a atuação dos profissionais envolvidos.

Assim, as boas práticas de provisionamento que propomos estão organizadas em 5 (cinco) diretrizes, quais sejam:

(i) Estabelecer competências e segregar funções;
(ii) Implementar procedimento e formulário de avaliação de processos;
(iii) Atribuir valores percentuais aos critérios de classificação de risco;
(iv) Estipular critérios para avaliar o risco de perda de um processo; e
(v) Estipular critérios para mensurar o valor de um passivo contingente.

5.2. Diretrizes para o Estabelecimento de Boas Práticas
5.2.1. Estabelecer Competências e Segregar Funções

➢ **O que fazer?** Recomenda-se que se formalizem as competências e alçadas dos profissionais responsáveis por cada atividade relativa ao provisionamento e divulgação de passivos contingentes de processos judiciais e administrativos, assegurando que os profissionais tecnicamente responsáveis pela classificação dos riscos e mensuração dos valores dos passivos contingentes atuem sem interferência dos administradores da companhia. Sempre que possível e, sobretudo, em se tratando de causas de grande valor ou que possam impactar significativamente a companhia, é recomendável que se estabeleça que as avaliações sejam sujeitas a revisão independente. Do ponto de vista funcional, os advogados devem ser responsáveis pela classificação de riscos relativos aos processos – no mínimo judiciais, mas preferencialmente judiciais e administrativos, – e os contadores devem ser responsáveis pela escrituração das demonstrações financeiras.

▷ **Por que fazer?** O provisionamento de passivos contingentes relacionados a processos judicias e administrativos tende suscitar dúvida quanto às áreas responsáveis, notadamente em relação às funções jurídicas, com destaque para as responsabilidades dos advogados internos e externos, e financeiras, com destaque para as responsabilidades dos contadores.

▷ **Referências neste trabalho:** itens 2.2, "A Perspectiva das Empresas: Atividades de Provisionamento pelas Funções Corporativas"; 2.3.3, "Breves comentários sobre a segregação de funções"; e 2.1, "Eficácia das regras de provisionamento: força vinculante e aplicação às sociedades anônimas abertas e outros tipos societários".

5.2.2. Implementar Procedimento e Formulário de Avaliação de Processos

▷ **O que fazer?** No âmbito de uma companhia e ou de grupos empresariais, tais como associações setoriais, recomenda-se que seja desenvolvido e disponibilizado para os destinatários das demonstrações financeiras um Procedimento Operacional Padrão (*SOP – Standard Operating Procedure*)[211] e um Formulário de Avaliação de Processos, por meio dos quais sejam formalizadas as práticas relacionadas ao provisionamento e à divulgação de passivos contingentes de processos judiciais e administrativos. Recomenda-se, ainda, que sejam elaborados *check-lists* para assegurar que sejam divulgadas informações mínimas em notas explicativas de passivos contingentes individuais ou em classe.

▷ **Por que fazer?** Há certas limitações nas normas aplicáveis a provisionamento e divulgação de passivos contingentes, bem como há desafios específicos para avaliação de processos administrativos e judiciais. A definição de atividades mínimas e sua padronização pela empresa tende a diminuir o risco de práticas contábeis divergentes ou gerenciamento de resultados. Finalmente, aponta-se que por mais que determinadas práticas não sejam unânimes, a sua divulgação pela companhia possibilita aos

---

[211] Um Procedimento Operacional Padrão é um documento que descreve as operações ou as etapas de um determinado processo, determinando e descrevendo atividades, métodos e responsáveis.

destinatários das demonstrações financeiras compreenderem o método adotado e seus impactos.

➢ **Referências neste trabalho:** itens 5.1, "Por que Complementar as Regras do CPC 25?"; e 3.3.3, "Quais informações devem ser divulgadas obrigatoriamente".

5.2.3. Atribuir Valores Percentuais aos Critérios de Classificação de Risco

➢ **O que fazer?** Considerando sua relevância para determinar a necessidade de provisão e/ou de divulgação de um passivo contingente relacionado a um processo judicial ou administrativo, recomenda-se que sejam atribuídos valores percentuais para os critérios de classificação de probabilidade. De acordo com nossa proposta, os valores seriam os seguintes: (i) "remota": até dez por cento ($X \leq 10\%$); (ii) possível: acima de dez e até cinquenta por cento ($10\% > X \leq 50\%$); e (iii) "provável": acima de cinquenta por cento ($X > 50\%$).

➢ **Por que fazer?** A definição de valores percentuais aos critérios de classificação de probabilidade elimina um importante elemento de subjetividade relacionado às normas de provisionamento e divulgação passivos contingentes de processos judiciais e administrativos e tende a diminuir o risco de práticas contábeis divergentes ou gerenciamento de resultados.

➢ **Referências neste trabalho:** itens 3.3.1, "Quando reconhecer uma provisão"; 3.3.2, "Quanto divulgar um passivo contingente"; 3.3.5, "O que significam as classificações de probabilidade (...)"; e 4.2, "Quantificando probabilidades: como reduzir a subjetividade e atribuir valores percentuais aos critérios de classificação de risco".

5.2.4. Estipular Critérios para Avaliar o Risco de Perda de um Processo

➢ **O que fazer?** Recomenda-se que sejam estipulados critérios para avaliar o risco de perda de processos judiciais e administrativos, podendo ser formalizados em formulários de avaliação de processos. A título exemplificativo, poderá se determinar que a análise de cada demanda envolva: (a) a indicação das principais matérias de fato e de direito; (b) sempre que houver, a consideração dos riscos relativos às matérias de fato; (c) sempre que disponível em casos fáticos análogos àquele em apreço, a priorização da análise de jurisprudência, em relação às demais fontes do direito; (d) a priorização da jurisprudência judicial, inclusive em se tratando de processos administrativos; (e) a priorização da jurisprudência dos órgãos judiciários superiores, ressalvada a análise de improbabilidade de acesso em função das matérias discutidas ou de ausência de efeito suspensivo do recurso competente; (f) a obrigatoriedade de emissão de relatório escrito pelo advogado responsável pela demanda, com periodicidade mínima; (g) a obrigatoriedade de elaboração de um parecer jurídico independente, para todas as causas de valor relevante ou que possam impactar significativamente a companhia, ao estimar o risco pela primeira vez ou para alterar a classificação, a qualquer tempo. Para fins de tais diretrizes, é conveniente estabelecer uma definição de valor relevante, tais como um valor nominal ou um percentual do patrimônio líquido da companhia. Finalmente, registramos que não é conveniente generalizar a classificação de risco de perda de acordo com determinados requisitos, tais como a natureza da causa e o estágio processual.

▹ **Por que fazer?** A definição de critérios de avaliação de risco de perda de processos judiciais e administrativos restringe a diferença entre métodos utilizados por diferentes profissionais e privilegia abordagens objetivas, respeitadas as peculiaridades do caso concreto, o que tende a diminuir o risco de práticas contábeis divergentes ou gerenciamento de resultados. Referidos critérios podem ser incluídos em um Procedimento Operacional Padrão, bem como compor Formulário de Avaliação de Processos, pela qual se evidenciará a análise de todos os pontos propostos pelos profissionais responsáveis.

▹ **Referências neste trabalho:** itens 3.3.5, "O que significam as classificações de probabilidade (...)"; e 4.3, "Classificando os riscos: como orientar a avaliação dos riscos de perda das demandas e embasar suas conclusões".

5.2.5. Estipular Critérios para Mensurar o Valor de um Passivo Contingente

▹ **O que fazer?** Recomenda-se que sejam estipulados critérios para mensurar o valor de passivos continentes relacionados a processos judiciais e administrativos. É recomendável que a aferição da "melhor estimativa" se baseie preferencialmente na média ponderada dos desfechos possíveis e respectivas probabilidades de cada processo judicial ou administrativo.

Igualmente, que se estabeleça a possibilidade de desmembramento dos processos para reconhecimento de uma provisão somente em relação a parte da demanda, de acordo com a avaliação de risco de determinados pedidos que possam ser individualizados como um passivo contingente. Finalmente, que se estabeleça que a correção monetária dos processos judiciais e administrativos corresponda às taxas oficiais aplicáveis àqueles processos. Sempre que possível e, sobretudo em se tratando de causas de grande valor ou que possam impactar significativamente a companhia, é recomendável que a estimativa seja sujeita a revisão independente. Para fins de tais diretrizes, é conveniente estabelecer uma definição de valor relevante, tais como um valor nominal ou um percentual do patrimônio líquido da companhia.

➢ **Por que fazer?** A definição de critérios de mensuração do valor de passivos contingentes relacionados a processos judiciais e administrativos restringe a diferença entre métodos utilizados por diferentes profissionais e privilegia um método mais objetivo e acessível, de média aritmética ponderada, o que tende a diminuir o risco de práticas contábeis divergentes ou gerenciamento de resultados. Tal critério, ademais, admite a utilização de "faixas de valores" percentuais, simplificando o cálculo que de outro modo demandaria o estabelecimento de percentuais de inúmeros desfechos possíveis. Referidos critérios podem ser incluídos em um Procedimento Operacional Padrão, bem como compor Formulário de Avaliação de Processos, pela qual se evidenciará a análise de todos os pontos propostos pelos profissionais responsáveis.

➢ **Referências neste trabalho:** itens 3.2.7, "Quais são os critérios de mensuração de valores (...)"; e 4.5, "Estimando os valores contingentes: qual critério deve ser utilizado para mensurar as contingências".

CONCLUSÕES

Antes de iniciarmos o presente estudo, partíamos da premissa de que as normas brasileiras que regem o provisionamento de processos judiciais e administrativos não seriam claras ou detalhadas o suficiente para embasar as atividades correspondentes pelas companhias. Como indício deste problema, já partíamos da identificação de entendimentos divergentes por parte de profissionais envolvidos, notadamente advogados e contadores.

Ao desenvolver a pesquisa, de fato pudemos confirmar a premissa inicial – efetivamente, como fora demonstrado, há certas omissões nas normas que fazem com que cada companhia e mesmo cada profissional envolvido atue de acordo com seu próprio entendimento. Os demais estudos realizados, no entanto, nos levaram a considerar o quanto a principal norma brasileira sobre o tema, o Pronunciamento Técnico nº 25, do Comitê de Pronunciamentos Contábeis, aprovado em 26 de junho de 2009, procurou se ater à base internacional de referência, o *International Accounting Standard* (IAS) de nº 37.

Em busca de um conjunto integrado de normas de contabilidade que pudessem ser utilizadas globalmente, constatamos que a IASB – *International Accounting Standards Board* prezou por estabelecer um sistema "aberto", apto a ser utilizado por inúmeros países, de tradições e ordenamentos jurídicos distintos; bem como, inclusive à luz da experiência de importantes fraudes contábeis da nossa história recente, com destaque para os casos da Enron e da Worldcom, desenvolveu um sistema baseado mais em *princípios* do que em *regras formais*[212].

---

[212] V. item 5.1, acima.

Neste contexto, portanto, há que se reconhecer que o Comitê de Pronunciamentos Contábeis, por meio do Pronunciamento Técnico nº 25, dando prosseguimento ao que Instituto dos Auditores Independentes do Brasil havia produzido por meio da Norma e Procedimento Contábil nº 22, realizou um bom trabalho no que se refere a respeitar a modelo internacional de regulamentação de provisionamento de passivos contingentes, bem como se valeu de alguns exemplos práticos que favoreceram a compreensão do espírito daquela norma[213].

Ainda assim, ao esmiuçar as normas de provisionamento e de divulgação de passivos contingentes para avaliar exclusivamente seu impacto em relação aos processos judiciais e administrativos, pudemos concluir que algumas das suas omissões, a exemplo da falta de atribuição de valores percentuais aos critérios de classificação de risco "remoto" e "possível"[214], tendem a produzir impacto significativo nas demonstrações financeiras das companhias, podendo afetar os destinatários de tais informações[215].

Deve-se notar, ademais, que este impacto é especialmente relevante no contexto brasileiro. Haja vista a quantidade de processos no país – sobretudo judiciais[216], mas também administrativos, notadamente no âmbito de órgãos fazendários, – este é o tipo de passivo contingente que mais impacta o resultado da maior parte das companhias nacionais, de todos os segmentos. Por este motivo, consideramos que a realidade empresarial brasileira demanda uma norma de provisionamento mais minuciosa do que aquela idealizada pelo IASB, na medida em que deverá regular o reconhecimento contábil desse vasto contencioso legal.

Após realizar a análise do CPC 25, no entanto, não nos limitamos a uma abordagem cujo resultado se limitasse a críticas puramente teóricas ou mesmo a recomendações de mudança da norma vigente. Ao contrário, fomos desafiados pela proposta metodológica da pesquisa jurídica

---

[213] O Comitê de Pronunciamentos Contábeis incluiu em seu Apêndice C exemplos de reconhecimento de provisões e em seu Apêndice D exemplos de divulgação de notas explicativas de passivos contingentes, prática que não foi observada pela IASB – *International Accounting Standards Board*.

[214] V. itens 3.2.5 e 4.2, acima.

[215] V. nota de rodapé de nº 3, acima.

[216] Conforme dados do Conselho Nacional de Justiça, há cerca de 78,13 milhões de processos judiciais ativos no Brasil. V. nota de rodapé de nº 5, acima.

CONCLUSÕES

aplicada[217] e procuramos agregar ao produto final propostas de diretrizes de boas práticas que pudessem efetivamente ser aplicadas pelas companhias brasileiras, como uma *complementação* ao CPC 25.

A forma que encontramos para alcançar tal objetivo foi percorrer sistematicamente a norma local aplicável ao tema, destacar o que concluímos serem suas principais limitações e, a essas, propor soluções – em alguns momentos discricionárias, mas sempre logicamente embasadas, com base em um exame multidisciplinar. Pretendemos, assim, que essas recomendações pudessem ser efetivamente adotadas pelos profissionais envolvidos com a análise de processos judiciais e administrativos para fins de provisionamento e de divulgação de notas explicativas.

Sob a ótica positivista, nos valemos do fato de que, como mencionado anteriormente, o CPC 25 foi concebido como um sistema "aberto", baseado mais em princípios do que em regras formais. Assim, as soluções propostas, tais como a atribuição de valores percentuais aos valores percentuais aos critérios de classificação de risco "remoto" e "possível", teoricamente não contrariam a norma técnica – mas poderiam sim vir a complementá-la, a partir de uma decisão fundamentada dos profissionais que porventura compartilhem dos argumentos ora apresentados.

Em última análise, o encerramento do presente estudo com propostas de diretrizes de boas práticas de provisionamento e de divulgação de passivos contingentes decorrentes de processos judiciais e administrativos, como ponto de partida de debate e de eventual implementação, decorre diretamente da convicção de que as empresas e seus agentes, inclusive por meio de associações técnicas e setoriais, possam contribuir com a autorregulação dos seus respectivos mercados – aprimorando a prática local de provisionamento e aprimorando, por fim, a qualidade geral das nossas demonstrações financeiras.

---

[217] "A academia e o meio profissional podem se beneficiar mutuamente da pesquisa aplicada em direito. A academia poderá acessar informações sobre práticas e soluções jurídicas de domínio restrito dos profissionais do direito, com o propósito de produzir pesquisas de caráter teórico ou empírico. Já os profissionais passarão a contar com trabalhos mais qualificados de caráter aplicativo, capazes de contribuir para resolução de problemas concretos." ENGLER, Mario. **Pesquisa jurídica no mestrado profissional**, de 17 de junho de 2015. Texto em elaboração (*working paper*). Acesso concedido pelo autor.

ANEXO ÚNICO
PRONUNCIAMENTO TÉCNICO CPC 25

COMITÊ DE PRONUNCIAMENTOS CONTÁBEIS

PRONUNCIAMENTO TÉCNICO CPC 25

Provisões, Passivos Contingentes e Ativos Contingentes

Correlação às Normas Internacionais de Contabilidade – IAS 37

Sumário	Item
OBJETIVO	
ALCANCE	1 – 9
DEFINIÇÕES	10 – 13
Provisão e outros passivos	11
Relação entre provisão e passivo contingente	12 – 13
RECONHECIMENTO	14 – 35
Provisão	14 – 26
Obrigação presente	15 – 16
Evento passado	17 – 22
Saída provável de recursos que incorporam benefícios econômicos	23 – 24
Estimativa confiável da obrigação	25 – 26
Passivo contingente	27 – 30
Ativo contingente	31 – 35
MENSURAÇÃO	36 – 52
Melhor estimativa	36 – 41
Risco e incerteza	42 – 44
Valor presente	45 – 47
Evento futuro	48 – 50
Alienação esperada de ativo	51 – 52
REEMBOLSO	53 – 58
MUDANÇA NA PROVISÃO	59 – 60
USO DE PROVISÃO	61 – 62
APLICAÇÃO DE REGRAS DE RECONHECIMENTO E DE MENSURAÇÃO	63 – 83
Perda operacional futura	63 – 65
Contrato oneroso	66 – 69

Reestruturação	70 – 83
DIVULGAÇÃO	84 – 92
APÊNDICE A – Tabelas – Provisões, passivos contingentes e ativos contingentes e reembolso	
Apêndice B – Árvore de decisão	
Apêndice C – Exemplos: reconhecimento	
Apêndice D – Exemplos: divulgação	

OBJETIVO

O objetivo deste Pronunciamento Técnico é estabelecer que sejam aplicados critérios de reconhecimento e bases de mensuração apropriados a provisões e a passivos e ativos contingentes e que seja divulgada informação suficiente nas notas explicativas para permitir que os usuários entendam a sua natureza, oportunidade e valor.

ALCANCE

1. Este Pronunciamento Técnico deve ser aplicado por todas as entidades na contabilização de provisões, e de passivos e ativos contingentes, exceto:
   (a) os que resultem de contratos a executar, a menos que o contrato seja oneroso; e
   (b) os cobertos por outro Pronunciamento Técnico.
2. Este Pronunciamento Técnico não se aplica a instrumentos financeiros (incluindo garantias) que se encontrem dentro do alcance do Pronunciamento Técnico CPC 38 – Instrumentos Financeiros: Reconhecimento e Mensuração.
3. Contratos a executar são contratos pelos quais nenhuma parte cumpriu qualquer das suas obrigações ou ambas as partes só tenham parcialmente cumprido as suas obrigações em igual extensão. Este Pronunciamento Técnico não se aplica a contratos a executar a menos que eles sejam onerosos.
4. (Eliminado).
5. Quando outro Pronunciamento Técnico trata de um tipo específico de provisão ou de passivo ou ativo contingente, a entidade aplica esse Pronunciamento Técnico em vez do presente Pronunciamento Técnico. Por exemplo, certos tipos de provisões são tratados nos Pronunciamentos Técnicos relativos a:

(a) contratos de construção (ver o Pronunciamento Técnico CPC 17 – Contratos de Construção);
(b) tributos sobre o lucro (ver o Pronunciamento Técnico CPC 32 – Tributos sobre o Lucro);
(c) arrendamento mercantil (ver o Pronunciamento Técnico CPC 06 – Operações de Arrendamento Mercantil). Porém, como esse CPC 06 não contém requisitos específicos para tratar arrendamentos mercantis operacionais que tenham se tornado onerosos, este Pronunciamento Técnico aplica-se a tais casos;
(d) benefícios a empregados (ver o Pronunciamento Técnico CPC 33 – Benefícios a Empregados);
(e) contratos de seguro (ver o Pronunciamento Técnico CPC 11 – Contratos de Seguro). Contudo, este Pronunciamento Técnico aplica-se a provisões e a passivos e ativos contingentes de seguradora que não sejam os resultantes das suas obrigações e direitos contratuais, segundo os contratos de seguro dentro do alcance do CPC; e (Alterada pela Revisão CPC 06)
(f) contraprestação contingente de adquirente em combinação de negócios (ver o Pronunciamento Técnico CPC 15 – Combinação de Negócios. (Alterada pela Revisão CPC 06)

6. Alguns valores tratados como provisão podem relacionar-se com o reconhecimento de receita; por exemplo, quando a entidade dá garantias em troca de remuneração. Este Pronunciamento Técnico não trata do reconhecimento de receita. O Pronunciamento Técnico CPC 30 – Receitas identifica as circunstâncias em que a receita é reconhecida e proporciona orientação sobre a aplicação dos critérios de reconhecimento. Este Pronunciamento Técnico não altera os requisitos do CPC 30.

7. Este Pronunciamento Técnico define provisão como passivo de prazo ou valor incertos. Em alguns países o termo "provisão" é também usado no contexto de itens tais como depreciação, redução ao valor recuperável de ativos e créditos de liquidação duvidosa: estes são ajustes dos valores contábeis de ativos e não são tratados neste Pronunciamento Técnico.

8. Outros Pronunciamentos Técnicos especificam se os gastos são tratados como ativo ou como despesa. Esses assuntos não são tratados

neste Pronunciamento Técnico. Consequentemente, este Pronunciamento Técnico não proíbe nem exige a capitalização dos custos reconhecidos quando a provisão é feita.

9. Este Pronunciamento Técnico aplica-se a provisões para reestruturações (incluindo unidades operacionais descontinuadas). Quando uma reestruturação atende à definição de unidade operacional descontinuada, o Pronunciamento Técnico CPC 31 – Ativo Não-Circulante Mantido para Venda e Operação Descontinuada pode exigir divulgação adicional.

DEFINIÇÕES

10. Os seguintes termos são usados neste Pronunciamento, com os significados especificados:
    - *Provisão* é um passivo de prazo ou de valor incertos.
    - *Passivo* é uma obrigação presente da entidade, derivada de eventos já ocorridos, cuja liquidação se espera que resulte em saída de recursos da entidade capazes de gerar benefícios econômicos.
    - *Evento que cria obrigação* é um evento que cria uma obrigação legal ou não formalizada que faça com que a entidade não tenha nenhuma alternativa realista senão liquidar essa obrigação.
    - *Obrigação legal* é uma obrigação que deriva de:
      (a) contrato (por meio de termos explícitos ou implícitos);
      (b) legislação; ou
      (c) outra ação da lei.
    - *Obrigação não formalizada* é uma obrigação que decorre das ações da entidade em que:
      (a) por via de padrão estabelecido de práticas passadas, de políticas publicadas ou de declaração atual suficientemente específica, a entidade tenha indicado a outras partes que aceitará certas responsabilidades; e
      (b) em consequência, a entidade cria uma expectativa válida nessas outras partes de que cumprirá com essas responsabilidades.
    - *Passivo contingente* é:
      (a) uma obrigação possível que resulta de eventos passados e cuja existência será confirmada apenas pela ocorrência ou

não de um ou mais eventos futuros incertos não totalmente sob controle da entidade; ou
(b) uma obrigação presente que resulta de eventos passados, mas que não é reconhecida porque:
(i) não é provável que uma saída de recursos que incorporam benefícios econômicos seja exigida para liquidar a obrigação; ou
(ii) o valor da obrigação não pode ser mensurado com suficiente confiabilidade.

- *Ativo contingente* é um ativo possível que resulta de eventos passados e cuja existência será confirmada apenas pela ocorrência ou não de um ou mais eventos futuros incertos não totalmente sob controle da entidade.
- *Contrato oneroso* é um contrato em que os custos inevitáveis de satisfazer as obrigações do contrato excedem os benefícios econômicos que se esperam sejam recebidos ao longo do mesmo contrato.
- *Reestruturação* é um programa planejado e controlado pela administração e que altera materialmente:
  (a) o âmbito de um negócio empreendido por entidade; ou
  (b) a maneira como o negócio é conduzido.

Provisão e outros passivos

11. As provisões podem ser distintas de outros passivos tais como contas a pagar e passivos derivados de apropriações por competência (*accruals*) porque há incerteza sobre o prazo ou o valor do desembolso futuro necessário para a sua liquidação. Por contraste:
    (a) as contas a pagar são passivos a pagar por conta de bens ou serviços fornecidos ou recebidos e que tenham sido faturados ou formalmente acordados com o fornecedor; e
    (b) os passivos derivados de apropriações por competência (accruals) são passivos a pagar por bens ou serviços fornecidos ou recebidos, mas que não tenham sido pagos, faturados ou formalmente acordados com o fornecedor, incluindo valores devidos a empregados (por exemplo, valores relacionados com pagamento de férias). Embora algumas vezes

seja necessário estimar o valor ou prazo desses passivos, a incerteza é geralmente muito menor do que nas provisões. Os passivos derivados de apropriação por competência (*accruals*) são frequentemente divulgados como parte das contas a pagar, enquanto as provisões são divulgadas separadamente.

Relação entre provisão e passivo contingente

12. Em sentido geral, todas as provisões são contingentes porque são incertas quanto ao seu prazo ou valor. Porém, neste Pronunciamento Técnico o termo "contingente" é usado para passivos e ativos que não sejam reconhecidos porque a sua existência somente será confirmada pela ocorrência ou não de um ou mais eventos futuros incertos não totalmente sob o controle da entidade. Adicionalmente, o termo passivo contingente é usado para passivos que não satisfaçam os critérios de reconhecimento.

13. Este Pronunciamento Técnico distingue entre:
    (a) provisões – que são reconhecidas como passivo (presumindo-se que possa ser feita uma estimativa confiável) porque são obrigações presentes e é provável que uma saída de recursos que incorporam benefícios econômicos seja necessária para liquidar a obrigação; e
    (b) passivos contingentes – que não são reconhecidos como passivo porque são:
        (i) obrigações possíveis, visto que ainda há de ser confirmado se a entidade tem ou não uma obrigação presente que possa conduzir a uma saída de recursos que incorporam benefícios econômicos, ou
        (ii) obrigações presentes que não satisfazem os critérios de reconhecimento deste Pronunciamento Técnico (porque não é provável que seja necessária uma saída de recursos que incorporem benefícios econômicos para liquidar a obrigação, ou não pode ser feita uma estimativa suficientemente confiável do valor da obrigação).

RECONHECIMENTO

Provisão

14. Uma provisão deve ser reconhecida quando:
    (a) a entidade tem uma obrigação presente (legal ou não formalizada) como resultado de evento passado;
    (b) seja provável que será necessária uma saída de recursos que incorporam benefícios econômicos para liquidar a obrigação; e
    (c) possa ser feita uma estimativa confiável do valor da obrigação. Se essas condições não forem satisfeitas, nenhuma provisão deve ser reconhecida.

Obrigação presente

15. Em casos raros não é claro se existe ou não uma obrigação presente. Nesses casos, presume-se que um evento passado dá origem a uma obrigação presente se, levando em consideração toda a evidência disponível, é mais provável que sim do que não que existe uma obrigação presente na data do balanço.

16. Em quase todos os casos será claro se um evento passado deu origem a uma obrigação presente. Em casos raros – como em um processo judicial, por exemplo –, pode-se discutir tanto se certos eventos ocorreram quanto se esses eventos resultaram em uma obrigação presente. Nesse caso, a entidade deve determinar se a obrigação presente existe na data do balanço ao considerar toda a evidência disponível incluindo, por exemplo, a opinião de peritos. A evidência considerada inclui qualquer evidência adicional proporcionada por eventos após a data do balanço. Com base em tal evidência:
    a) quando for mais provável que sim do que não que existe uma obrigação presente na data do balanço, a entidade deve reconhecer a provisão (se os critérios de reconhecimento forem satisfeitos); e
    (b) quando for mais provável que não existe uma obrigação presente na data do balanço, a entidade divulga um passivo contingente, a menos que seja remota a possibilidade de uma saída de recursos que incorporam benefícios econômicos (ver item 86).

Evento passado

17. Um evento passado que conduz a uma obrigação presente é chamado de um evento que cria obrigação. Para um evento ser um evento que cria obrigação, é necessário que a entidade não tenha qualquer alternativa realista senão liquidar a obrigação criada pelo evento. Esse é o caso somente:
    (a) quando a liquidação da obrigação pode ser imposta legalmente; ou
    (b) no caso de obrigação não formalizada, quando o evento (que pode ser uma ação da entidade) cria expectativas válidas em terceiros de que a entidade cumprirá a obrigação.

18. As demonstrações contábeis tratam da posição financeira da entidade no fim do seu período de divulgação e não da sua possível posição no futuro. Por isso, nenhuma provisão é reconhecida para despesas que necessitam ser incorridas para operar no futuro. Os únicos passivos reconhecidos no balanço da entidade são os que já existem na data do balanço.

19. São reconhecidas como provisão apenas as obrigações que surgem de eventos passados que existam independentemente de ações futuras da entidade (isto é, a conduta futura dos seus negócios). São exemplos de tais obrigações as penalidades ou os custos de limpeza de danos ambientais ilegais, que em ambos os casos dariam origem na liquidação a uma saída de recursos que incorporam benefícios econômicos independentemente das ações futuras da entidade. De forma similar, a entidade reconhece uma provisão para os custos de descontinuidade de poço de petróleo ou de central elétrica nuclear na medida em que a entidade é obrigada a retificar danos já causados. Por outro lado, devido a pressões comerciais ou exigências legais, a entidade pode pretender ou precisar efetuar gastos para operar de forma particular no futuro (por exemplo, montando filtros de fumaça em certo tipo de fábrica). Dado que a entidade pode evitar os gastos futuros pelas suas próprias ações, por exemplo, alterando o seu modo de operar, ela não tem nenhuma obrigação presente relativamente a esse gasto futuro e nenhuma provisão é reconhecida.

20. Uma obrigação envolve sempre outra parte a quem se deve a obrigação. Não é necessário, porém, saber a identidade da parte a quem se

deve a obrigação – na verdade, a obrigação pode ser ao público em geral. Em virtude de obrigação envolver sempre compromisso com outra parte, isso implica que a decisão da diretoria ou do conselho de administração não dá origem a uma obrigação não formalizada na data do balanço, a menos que a decisão tenha sido comunicada antes daquela data aos afetados por ela de forma suficientemente específica para suscitar neles uma expectativa válida de que a entidade cumprirá as suas responsabilidades.

21. Um evento que não gera imediatamente uma obrigação pode gerá-la em data posterior, por força de alterações na lei ou porque um ato da entidade (por exemplo, uma declaração pública suficientemente específica) dá origem a uma obrigação não formalizada. Por exemplo, quando forem causados danos ambientais, pode não haver obrigação para remediar as consequências. Porém, o fato de ter havido o dano torna-se um evento que cria obrigações quando uma nova lei exige que o dano existente seja retificado ou quando a entidade publicamente aceita a responsabilidade pela retificação de modo a criar uma obrigação não formalizada.

22. Quando os detalhes de nova lei proposta ainda tiverem de ser finalizados, a obrigação surgirá somente quando for praticamente certo que a legislação será promulgada conforme a minuta divulgada. Para a finalidade deste Pronunciamento Técnico, tal obrigação é tratada como obrigação legal. As diferenças de circunstâncias relativas à promulgação tornam impossível especificar um único evento que torna a promulgação de lei praticamente certa. Em muitos casos será impossível estar praticamente certo da promulgação de legislação até que ela seja promulgada.

Saída provável de recursos que incorporam benefícios econômicos

23. Para que um passivo se qualifique para reconhecimento, é necessário haver não somente uma obrigação presente, mas também a probabilidade de saída de recursos que incorporam benefícios econômicos para liquidar essa obrigação. Para a finalidade deste Pronunciamento Técnico[218], uma saída de recursos ou outro evento é

---

[218] A definição de provável neste Pronunciamento de "mais provável que sim do que não de ocorrer" não necessariamente se aplica a outros pronunciamentos. (obs. nota nº "1")

considerado como provável se o evento for mais provável que sim do que não de ocorrer, isto é, se a probabilidade de que o evento ocorrerá for maior do que a probabilidade de isso não acontecer. Quando não for provável que exista uma obrigação presente, a entidade divulga um passivo contingente, a menos que a possibilidade de saída de recursos que incorporam benefícios econômicos seja remota (ver item 86).

24. Quando há várias obrigações semelhantes (por exemplo, garantias sobre produtos ou contratos semelhantes), a avaliação da probabilidade de que uma saída de recursos será exigida na liquidação deverá considerar o tipo de obrigação como um todo. Embora possa ser pequena a probabilidade de uma saída de recursos para qualquer item isoladamente, pode ser provável que alguma saída de recursos ocorra para o tipo de obrigação. Se esse for o caso, uma provisão é reconhecida (se os outros critérios para reconhecimento forem atendidos).

Estimativa confiável da obrigação

25. O uso de estimativas é uma parte essencial da elaboração de demonstrações contábeis e não prejudica a sua confiabilidade. Isso é especialmente verdadeiro no caso de provisões, que pela sua natureza são mais incertas do que a maior parte de outros elementos do balanço. Exceto em casos extremamente raros, a entidade é capaz de determinar um conjunto de desfechos possíveis e, dessa forma, fazer uma estimativa da obrigação que seja suficientemente confiável para ser usada no reconhecimento da provisão.

26. Nos casos extremamente raros em que nenhuma estimativa confiável possa ser feita, existe um passivo que não pode ser reconhecido. Esse passivo é divulgado como passivo contingente (ver item 86).

Passivo contingente

27. A entidade não deve reconhecer um passivo contingente.
28. O passivo contingente é divulgado, como exigido pelo item 86, a menos que seja remota a possibilidade de uma saída de recursos que incorporam benefícios econômicos.

29. Quando a entidade for conjunta e solidariamente responsável por obrigação, a parte da obrigação que se espera que as outras partes liquidem é tratada como passivo contingente. A entidade reconhece a provisão para a parte da obrigação para a qual é provável uma saída de recursos que incorporam benefícios econômicos, exceto em circunstâncias extremamente raras em que nenhuma estimativa suficientemente confiável possa ser feita.
30. Os passivos contingentes podem desenvolver-se de maneira não inicialmente esperada. Por isso, são periodicamente avaliados para determinar se uma saída de recursos que incorporam benefícios econômicos se tornou provável. Se for provável que uma saída de benefícios econômicos futuros serão exigidos para um item previamente tratado como passivo contingente, a provisão deve ser reconhecida nas demonstrações contábeis do período no qual ocorre a mudança na estimativa da probabilidade (exceto em circunstâncias extremamente raras em que nenhuma estimativa suficientemente confiável possa ser feita).

Ativo contingente

31. A entidade não deve reconhecer um ativo contingente.
32. Os ativos contingentes surgem normalmente de evento não planejado ou de outros não esperados que dão origem à possibilidade de entrada de benefícios econômicos para a entidade. Um exemplo é uma reivindicação que a entidade esteja reclamando por meio de processos legais, em que o desfecho seja incerto.
33. Os ativos contingentes não são reconhecidos nas demonstrações contábeis, uma vez que pode tratar-se de resultado que nunca venha a ser realizado. Porém, quando a realização do ganho é praticamente certa, então o ativo relacionado não é um ativo contingente e o seu reconhecimento é adequado.
34. O ativo contingente é divulgado, como exigido pelo item 89, quando for provável a entrada de benefícios econômicos.
35. Os ativos contingentes são avaliados periodicamente para garantir que os desenvolvimentos sejam apropriadamente refletidos nas demonstrações contábeis. Se for praticamente certo que ocorrerá uma entrada de benefícios econômicos, o ativo e o correspondente ganho são reconhecidos nas demonstrações contábeis do período

em que ocorrer a mudança de estimativa. Se a entrada de benefícios econômicos se tornar provável, a entidade divulga o ativo contingente (ver item 89).

MENSURAÇÃO

Melhor estimativa

36. O valor reconhecido como provisão deve ser a melhor estimativa do desembolso exigido para liquidar a obrigação presente na data do balanço.
37. A melhor estimativa do desembolso exigido para liquidar a obrigação presente é o valor que a entidade racionalmente pagaria para liquidar a obrigação na data do balanço ou para transferi-la para terceiros nesse momento. É muitas vezes impossível ou proibitivamente dispendioso liquidar ou transferir a obrigação na data do balanço. Porém, a estimativa do valor que a entidade racionalmente pagaria para liquidar ou transferir a obrigação produz a melhor estimativa do desembolso exigido para liquidar a obrigação presente na data do balanço.
38. As estimativas do desfecho e do efeito financeiro são determinadas pelo julgamento da administração da entidade, complementados pela experiência de transações semelhantes e, em alguns casos, por relatórios de peritos independentes. As evidências consideradas devem incluir qualquer evidência adicional fornecida por eventos subsequentes à data do balanço.
39. As incertezas que rodeiam o valor a ser reconhecido como provisão são tratadas por vários meios de acordo com as circunstâncias. Quando a provisão a ser mensurada envolve uma grande população de itens, a obrigação deve ser estimada ponderando-se todos os possíveis desfechos pelas suas probabilidades associadas. O nome para esse método estatístico de estimativa é "valor esperado". Portanto, a provisão será diferente dependendo de a probabilidade da perda de um dado valor ser, por exemplo, de 60 por cento ou de 90 por cento. Quando houver uma escala contínua de desfechos possíveis, e cada ponto nessa escala é tão provável como qualquer outro, é usado o ponto médio da escala.

Exemplo
> A entidade vende bens com uma garantia segundo a qual os clientes estão cobertos pelo custo da reparação de qualquer defeito de fabricação que se tornar evidente dentro dos primeiros seis meses após a compra. Se forem detectados defeitos menores em todos os produtos vendidos, a entidade irá incorrer em custos de reparação de 1 milhão. Se forem detectados defeitos maiores em todos os produtos vendidos, a entidade irá incorrer em custos de reparação de 4 milhões. A experiência passada da entidade e as expectativas futuras indicam que, para o próximo ano, 75 por cento dos bens vendidos não terão defeito, 20 por cento dos bens vendidos terão defeitos menores e 5 por cento dos bens vendidos terão defeitos maiores. De acordo com o item 24, a entidade avalia a probabilidade de uma saída para as obrigações de garantias como um todo. O valor esperado do custo das reparações é: (75% x 0) + (20% x $ 1 milhão) + (5% de $ 4 milhões) = $ 400.000.

40. Quando uma única obrigação estiver sendo mensurada, o desfecho individual mais provável pode ser a melhor estimativa do passivo. Porém, mesmo em tal caso, a entidade considera outras consequências possíveis. Quando outras consequências possíveis forem principalmente mais altas ou principalmente mais baixas do que a consequência mais provável, a melhor estimativa será um valor mais alto ou mais baixo. Por exemplo, se a entidade tiver de reparar um defeito grave em uma fábrica importante que tenha construído para um cliente, o resultado individual mais provável pode ser a reparação ter sucesso na primeira tentativa por um custo de $ 1.000, mas a provisão é feita por um valor maior se houver uma chance significativa de que outras tentativas serão necessárias.

41. A provisão deve ser mensurada antes dos impostos; as consequências fiscais da provisão, e alterações nela, são tratadas pelo Pronunciamento Técnico CPC 32 – Tributos sobre o Lucro.

Risco e incerteza

42. Os riscos e incertezas que inevitavelmente existem em torno de muitos eventos e circunstâncias devem ser levados em consideração para se alcançar a melhor estimativa da provisão.

43. O risco descreve a variabilidade de desfechos. Uma nova avaliação do risco pode aumentar o valor pelo qual um passivo é mensurado. É preciso ter cuidado ao realizar julgamentos em condições de incerteza, para que as receitas ou ativos não sejam superavaliados e as despesas ou passivos não sejam subavaliados. Porém, a incerteza não justifica a criação de provisões excessivas ou uma superavaliação deliberada de passivos. Por exemplo, se os custos projetados de desfecho particularmente adverso forem estimados em base conservadora, então esse desfecho não é deliberadamente tratado como sendo mais provável do que a situação realística do caso. É necessário cuidado para evitar duplicar ajustes de risco e incerteza com a consequente superavaliação da provisão.
44. A divulgação das incertezas que cercam o valor do desembolso é feita de acordo com o item 85(b).

Valor presente

45. Quando o efeito do valor do dinheiro no tempo é material, o valor da provisão deve ser o valor presente dos desembolsos que se espera que sejam exigidos para liquidar a obrigação.
46. Em virtude do valor do dinheiro no tempo, as provisões relacionadas com saídas de caixa que surgem logo após a data do balanço são mais onerosas do que aquelas em que as saídas de caixa de mesmo valor surgem mais tarde. Em função disso, as provisões são descontadas, quando o efeito é material.
47. A taxa de desconto deve ser a taxa antes dos impostos que reflita as atuais avaliações de mercado quanto ao valor do dinheiro no tempo e os riscos específicos para o passivo. A taxa de desconto não deve refletir os riscos relativamente aos quais as estimativas de fluxos de caixa futuros tenham sido ajustadas. (Veja-se o Pronunciamento Técnico CPC 12 – Ajuste a Valor Presente).

Evento futuro

48. Os eventos futuros que possam afetar o valor necessário para liquidar a obrigação devem ser refletidos no valor da provisão quando houver evidência objetiva suficiente de que eles ocorrerão.

49. Os eventos futuros esperados podem ser particularmente importantes ao mensurar as provisões. Por exemplo, a entidade pode acreditar que o custo de limpar um local no fim da sua vida útil será reduzido em função de mudanças tecnológicas futuras. O valor reconhecido reflete uma expectativa razoável de observadores tecnicamente qualificados e objetivos, tendo em vista toda a evidência disponível quanto à tecnologia que estará disponível no momento da limpeza. Portanto, é apropriado incluir, por exemplo, reduções de custo esperadas associadas com experiência desenvolvida na aplicação de tecnologia existente ou o custo esperado de aplicação da tecnologia existente a uma operação de limpeza maior ou mais complexa da que previamente tenha sido levada em consideração. Porém, a entidade não deve antecipar o desenvolvimento da tecnologia completamente nova de limpeza a menos que isso seja apoiado por evidência objetiva suficiente.

50. O efeito de possível legislação nova deve ser considerado na mensuração da obrigação existente quando existe evidência objetiva suficiente de que a promulgação da lei é praticamente certa. A variedade de circunstâncias que surgem na prática torna impossível especificar um evento único que proporcionará evidência objetiva suficiente em todos os casos. Exige-se evidência do que a legislação vai exigir e também de que a sua promulgação e a sua implementação são praticamente certas. Em muitos casos não existe evidência objetiva suficiente até que a nova legislação seja promulgada.

Alienação esperada de ativo

51. Os ganhos da alienação esperada de ativos não devem ser levados em consideração ao mensurar a provisão.

52. Os ganhos na alienação esperada de ativos não devem ser levados em consideração ao mensurar a provisão, mesmo se a alienação esperada estiver intimamente ligada ao evento que dá origem à provisão. Em vez disso, a entidade deve reconhecer ganhos nas alienações esperadas de ativos no momento determinado pelo Pronunciamento Técnico que trata dos respectivos ativos.

REEMBOLSO

53. Quando se espera que algum ou todos os desembolsos necessários para liquidar uma provisão sejam reembolsados por outra parte, o reembolso deve ser reconhecido quando, e somente quando, for praticamente certo que o reembolso será recebido se a entidade liquidar a obrigação. O reembolso deve ser tratado como ativo separado. O valor reconhecido para o reembolso não deve ultrapassar o valor da provisão.
54. Na demonstração do resultado, a despesa relativa a uma provisão pode ser apresentada líquida do valor reconhecido de reembolso.
55. Algumas vezes, a entidade é capaz de esperar que outra parte pague parte ou todo o desembolso necessário para liquidar a provisão (por exemplo, por intermédio de contratos de seguro, cláusulas de indenização ou garantias de fornecedores). A outra parte pode reembolsar valores pagos pela entidade ou pagar diretamente os valores.
56. Na maioria dos casos, a entidade permanece comprometida pela totalidade do valor em questão de forma que a entidade teria que liquidar o valor inteiro se a terceira parte deixasse de efetuar o pagamento por qualquer razão. Nessa situação, é reconhecida uma provisão para o valor inteiro do passivo e é reconhecido um ativo separado pelo reembolso esperado, desde que seu recebimento seja praticamente certo se a entidade liquidar o passivo.
57. Em alguns casos, a entidade não está comprometida pelos custos em questão se a terceira parte deixar de efetuar o pagamento. Nesse caso, a entidade não tem nenhum passivo relativo a esses custos, não sendo assim incluídos na provisão.
58. Como referido no item 29, a obrigação pela qual a entidade esteja conjunta e solidariamente responsável é um passivo contingente, uma vez que se espera que a obrigação seja liquidada pelas outras partes.

MUDANÇA NA PROVISÃO

59. As provisões devem ser reavaliadas em cada data de balanço e ajustadas para refletir a melhor estimativa corrente. Se já não for mais provável que seja necessária uma saída de recursos que incorporam benefícios econômicos futuros para liquidar a obrigação, a provisão deve ser revertida.

60. Quando for utilizado o desconto a valor presente, o valor contábil da provisão aumenta a cada período para refletir a passagem do tempo. Esse aumento deve ser reconhecido como despesa financeira.

USO DE PROVISÃO

61. Uma provisão deve ser usada somente para os desembolsos para os quais a provisão foi originalmente reconhecida.
62. Somente os desembolsos que se relacionem com a provisão original são compensados com a mesma provisão. Reconhecer os desembolsos contra uma provisão que foi originalmente reconhecida para outra finalidade esconderia o impacto de dois eventos diferentes.

APLICAÇÕES DE REGRA DE RECONHECIMENTO E DE MENSURAÇÃO

Perda operacional futura

63. Provisões para perdas operacionais futuras não devem ser reconhecidas.
64. As perdas operacionais futuras não satisfazem à definição de passivo do item 10, nem os critérios gerais de reconhecimento estabelecidos no item 14.
65. A expectativa de perdas operacionais futuras é uma indicação de que certos ativos da unidade operacional podem não ser recuperáveis. A entidade deve testar esses ativos quanto à recuperabilidade segundo o Pronunciamento Técnico CPC 01 – Redução ao Valor Recuperável de Ativos.

Contrato oneroso

66. Se a entidade tiver um contrato oneroso, a obrigação presente de acordo com o contrato deve ser reconhecida e mensurada como provisão.
67. Muitos contratos (por exemplo, algumas ordens de compra de rotina) podem ser cancelados sem pagar compensação à outra parte e, portanto, não há obrigação. Outros contratos estabelecem direitos e obrigações para cada uma das partes do contrato. Quando os eventos tornam esse contrato oneroso, o contrato deve ser tratado dentro do alcance deste Pronunciamento Técnico, e existirá um passivo

que deve ser reconhecido. Os contratos de execução que não sejam onerosos não são abrangidos por este Pronunciamento Técnico.

68. Este Pronunciamento Técnico define um contrato oneroso como um contrato em que os custos inevitáveis de satisfazer as obrigações do contrato excedem os benefícios econômicos que se espera sejam recebidos ao longo do mesmo contrato. Os custos inevitáveis do contrato refletem o menor custo líquido de sair do contrato, e este é determinado com base *a)* no custo de cumprir o contrato ou *b)* no custo de qualquer compensação ou de penalidades provenientes do não cumprimento do contrato, dos dois o menor.

69. Antes de ser estabelecida uma provisão separada para um contrato oneroso, a entidade deve reconhecer qualquer perda decorrente de desvalorização que tenha ocorrido nos ativos relativos a esse contrato (ver o Pronunciamento Técnico CPC 01 – Redução ao Valor Recuperável de Ativos).

Reestruturação

70. Exemplos de eventos que podem se enquadrar na definição de reestruturação são:
    (a) venda ou extinção de linha de negócios;
    (b) fechamento de locais de negócios de um país ou região ou a realocação das atividades de negócios de um país ou região para outro;
    (c) mudanças na estrutura da administração, por exemplo, eliminação de um nível de gerência; e
    (d) reorganizações fundamentais que tenham efeito material na natureza e no foco das operações da entidade.

71. Uma provisão para custos de reestruturação deve ser reconhecida somente quando são cumpridos os critérios gerais de reconhecimento de provisões estabelecidos no item 14. Os itens 72 a 83 demonstram como os critérios gerais de reconhecimento se aplicam às reestruturações.

72. Uma obrigação não formalizada para reestruturação surge somente quando a entidade:
    (a) tiver um plano formal detalhado para a reestruturação, identificando pelo menos:

(i) o negócio ou parte do negócio em questão,
(ii) os principais locais afetados,
(iii) o local, as funções e o número aproximado de empregados que serão incentivados financeiramente a se demitir,
(iv) os desembolsos que serão efetuados; e
(v) quando o plano será implantado; e
(b) tiver criado expectativa válida naqueles que serão afetados pela reestruturação, seja ao começar a implantação desse plano ou ao anunciar as suas principais características para aqueles afetados pela reestruturação.

73. A evidência de que a entidade começou a implantar o plano de reestruturação seria fornecida, por exemplo, pela desmontagem da fábrica, pela venda de ativos ou pela divulgação das principais características do plano. A divulgação do plano detalhado para reestruturação constitui obrigação não formalizada para reestruturação somente se for feita de tal maneira e em detalhes suficientes (ou seja, apresentando as principais características do plano) que origine expectativas válidas de outras partes, tais como clientes, fornecedores e empregados (ou os seus representantes) de que a entidade realizará a reestruturação.

74. Para que o plano seja suficiente para dar origem a uma obrigação não formalizada, quando comunicado àqueles por ele afetados, é necessário que sua implementação comece o mais rápido possível e seja concluída dentro de um prazo que torne improvável a ocorrência de mudanças significativas no plano. Entretanto, caso se espere que haja grande atraso antes de a reestruturação começar ou que esta demore tempo demais, deixa de ser provável que o plano crie expectativa válida da parte de outros de que a entidade está, atualmente, comprometida com a reestruturação, porque o período de execução dá oportunidade para a entidade mudar seus planos.

75. Uma decisão de reestruturação da administração ou da diretoria tomada antes da data do balanço não dá origem a uma obrigação não formalizada na data do balanço, a menos que a entidade tenha, antes da data do balanço:
(a) começado a implementação do plano de reestruturação; ou
(b) anunciado as principais características do plano de reestruturação àqueles afetados por ele, de forma suficientemente

específica, criando neles expectativa válida de que a entidade fará a reestruturação.

A entidade pode começar a implementar um plano de reestruturação, ou anunciar as suas principais características àqueles afetados pelo plano, somente depois da data do balanço. Exige-se divulgação conforme o Pronunciamento Técnico CPC 24 – Evento Subsequente, se a reestruturação for material e se a não divulgação puder influenciar as decisões econômicas dos usuários tomadas com base nas demonstrações contábeis.

76. Embora uma obrigação não formalizada não seja criada apenas por decisão da administração, ela pode resultar de outros eventos anteriores combinados com essa decisão. Por exemplo, as negociações com representantes de empregados para pagamento de demissões, ou com compradores, para a venda de operação, podem ter sido concluídas, sujeitas apenas à aprovação da diretoria. Uma vez obtida a aprovação e comunicada às outras partes, a entidade tem uma obrigação não formalizada de reestruturar, se as condições do item 72 forem atendidas.

77. Em alguns casos, a alta administração está inserida no conselho cujos membros incluem representantes de interesses diferentes dos de uma administração (por exemplo, empregados) ou a notificação para esses representantes pode ser necessária antes de ser tomada a decisão pela alta administração. Quando uma decisão desse conselho envolve a comunicação a esses representantes, isso pode resultar em obrigação não formalizada de reestruturar.

78. Nenhuma obrigação surge pela venda de unidade operacional até que a entidade esteja comprometida com essa operação, ou seja, quando há um contrato firme de venda.

79. Mesmo quando a entidade tiver tomado a decisão de vender uma unidade operacional e anunciado publicamente essa decisão, ela pode não estar comprometida com a venda até que o comprador tenha sido identificado e houver contrato firme de venda. Até haver contrato firme de venda, a entidade pode mudar de idéia e, de fato, terá de tomar outras medidas se não puder ser encontrado comprador em termos aceitáveis. Quando a venda de uma unidade operacional for vista como parte da reestruturação, os ativos da unidade operacional são avaliados quanto à sua recuperabilidade, conforme

o Pronunciamento Técnico CPC 01 – Redução ao Valor Recuperável de Ativos. Quando a venda for somente uma parte da reestruturação, uma obrigação não formalizada poderá surgir para as outras partes da reestruturação antes de existir um contrato de venda firme.

80. A provisão para reestruturação deve incluir somente os desembolsos diretos decorrentes da reestruturação, que simultaneamente sejam:
    (a) necessariamente ocasionados pela reestruturação; e
    (b) não associados às atividades em andamento da entidade.

81. A provisão para reestruturação não inclui custos como:
    (a) novo treinamento ou remanejamento da equipe permanente;
    (b) *marketing*; ou
    (c) investimento em novos sistemas e redes de distribuição.
    Esses desembolsos relacionam-se com a conduta futura da empresa e não são passivos de reestruturação na data do balanço. Tais desembolsos devem ser reconhecidos da mesma forma que o seriam se surgissem independentemente da reestruturação.

82. Perdas operacionais futuras, identificáveis até a data da reestruturação não devem ser incluídas em uma provisão, a menos que se relacionem a contrato oneroso, conforme definido no item 10.

83. Conforme exigido pelo item 51, os ganhos na alienação esperada de ativos não devem ser levados em consideração ao mensurar uma provisão para reestruturação, mesmo que a venda de ativos seja vista como parte da reestruturação.

DIVULGAÇÃO

84. Para cada classe de provisão, a entidade deve divulgar:
    (a) o valor contábil no início e no fim do período;
    (b) provisões adicionais feitas no período, incluindo aumentos nas provisões existentes;
    (c) valores utilizados (ou seja, incorridos e baixados contra a provisão) durante o período;
    (d) valores não utilizados revertidos durante o período; e
    (e) o aumento durante o período no valor descontado a valor presente proveniente da passagem do tempo e o efeito de qualquer mudança na taxa de desconto.
    Não é exigida informação comparativa.

85. A entidade deve divulgar, para cada classe de provisão:
    (a) uma breve descrição da natureza da obrigação e o cronograma esperado de quaisquer saídas de benefícios econômicos resultantes;
    (b) uma indicação das incertezas sobre o valor ou o cronograma dessas saídas. Sempre que necessário para fornecer informações adequadas, a entidade deve divulgar as principais premissas adotadas em relação a eventos futuros, conforme tratado no item 48; e
    (c) o valor de qualquer reembolso esperado, declarando o valor de qualquer ativo que tenha sido reconhecido por conta desse reembolso esperado.
86. A menos que seja remota a possibilidade de ocorrer qualquer desembolso na liquidação, a entidade deve divulgar, para cada classe de passivo contingente na data do balanço, uma breve descrição da natureza do passivo contingente e, quando praticável:
    (a) a estimativa do seu efeito financeiro, mensurada conforme os itens 36 a 52;
    (b) a indicação das incertezas relacionadas ao valor ou momento de ocorrência de qualquer saída; e
    (c) a possibilidade de qualquer reembolso.
87. Na determinação de quais provisões ou passivos contingentes podem ser agregados para formar uma única classe, é necessário considerar se a natureza dos itens é suficientemente similar para divulgação única que cumpra as exigências dos itens 85(a) e (b) e 86(a) e (b). Assim, pode ser apropriado tratar como uma classe única de provisão os valores relacionados a garantias de produtos diferentes, mas não seria apropriado tratar como uma classe única os valores relacionados a garantias normais e valores relativos a processos judiciais.
88. Quando a provisão e o passivo contingente surgirem do mesmo conjunto de circunstâncias, a entidade deve fazer as divulgações requeridas pelos itens 84 a 86 de maneira que evidencie a ligação entre a provisão e o passivo contingente.
89. Quando for provável a entrada de benefícios econômicos, a entidade deve divulgar breve descrição da natureza dos ativos contingentes na data do balanço e, quando praticável, uma estimativa dos seus

efeitos financeiros, mensurada usando os princípios estabelecidos para as provisões nos itens 36 a 52.
90. É importante que as divulgações de ativos contingentes evitem dar indicações indevidas da probabilidade de surgirem ganhos.
91. Quando algumas das informações exigidas pelos itens 86 e 89 não forem divulgadas por não ser praticável fazê-lo, a entidade deve divulgar esse fato.
92. Em casos extremamente raros, pode-se esperar que a divulgação de alguma ou de todas as informações exigidas pelos itens 84 a 89 prejudique seriamente a posição da entidade em uma disputa com outras partes sobre os assuntos da provisão, passivo contingente ou ativo contingente. Em tais casos, a entidade não precisa divulgar as informações, mas deve divulgar a natureza geral da disputa, juntamente com o fato de que as informações não foram divulgadas, com a devida justificativa.

APÊNDICE A

Tabelas – Provisões, passivos contingentes e ativos contingentes e reembolso

Este apêndice é apenas ilustrativo e não faz parte do Pronunciamento Técnico. Seu propósito é resumir os principais requerimentos do Pronunciamento.

Provisão e passivo contingente

São caracterizados em situações nas quais, como resultado de eventos passados, pode haver uma saída de recursos envolvendo benefícios econômicos futuros na liquidação de: (a) obrigação presente; ou (b) obrigação possível cuja existência será confirmada apenas pela ocorrência ou não de um ou mais eventos futuros incertos não totalmente sob controle da entidade.		
Há obrigação presente que provavelmente requer uma saída de recursos.	Há obrigação possível ou obrigação presente que pode requerer, mas provavelmente não irá requerer, uma saída de recursos.	Há obrigação possível ou obrigação presente cuja probabilidade de uma saída de recursos é remota.
A provisão é reconhecida (item 14).	Nenhuma provisão é reconhecida (item 27).	Nenhuma provisão é reconhecida (item 27).
Divulgação é exigida para a provisão (itens 84 e 85).	Divulgação é exigida para o passivo contingente (item 86).	Nenhuma divulgação é exigida (item 86).

Uma contingência passiva também é originada em casos extremamente raros nos quais há um passivo que não pode ser reconhecido porque não pode ser mensurado confiavelmente. Divulgação é requerida para o passivo contingente.

Ativo contingente

São caracterizados em situações nas quais, como resultado de eventos passados, há um ativo possível cuja existência será confirmada apenas pela ocorrência ou não de um ou mais eventos futuros incertos não totalmente sob controle da entidade.		
A entrada de benefícios econômicos é praticamente certa.	A entrada de benefícios econômicos é provável, mas não praticamente certa.	A entrada não é provável.
O ativo não é contingente (item 33).	Nenhum ativo é reconhecido (item 31).	Nenhum ativo é reconhecido (item 31).
	Divulgação é exigida (item 89).	Nenhuma divulgação é exigida (item 89).

Reembolso

São caracterizados em situações nas quais se espera que parte ou todo o desembolso necessário para liquidar a provisão seja reembolsado por outra parte.		
A entidade não tem obrigação em relação à parcela do desembolso a ser reembolsado pela outra parte.	O passivo relativo ao valor que se espera ser reembolsado permanece com a entidade e é praticamente certo que o reembolso será recebido se a entidade liquidar a provisão.	O passivo relativo ao valor que se espera ser reembolsado permanece com a entidade e não é praticamente certo que o reembolso será recebido se a entidade liquidar a provisão.
A entidade não tem passivo em relação ao valor a ser reembolsado (item 57).	O reembolso é reconhecido como ativo separado no balanço patrimonial e pode ser compensado contra a despesa na demonstração de resultados. O valor reconhecido para o reembolso esperado não ultrapassa o passivo (itens 53 e 54).	O reembolso esperado não é reconhecido como ativo (item 53).
Nenhuma divulgação é exigida.	O reembolso é divulgado juntamente com o valor reconhecido para o desembolso (item 85(c)).	O reembolso esperado é divulgado (item 85(c)).

APÊNDICE B

Árvore de decisão

Este apêndice é apenas ilustrativo e não faz parte do Pronunciamento Técnico. Seu propósito é resumir os principais requerimentos de reconhecimento do Pronunciamento para provisões e passivos contingentes.

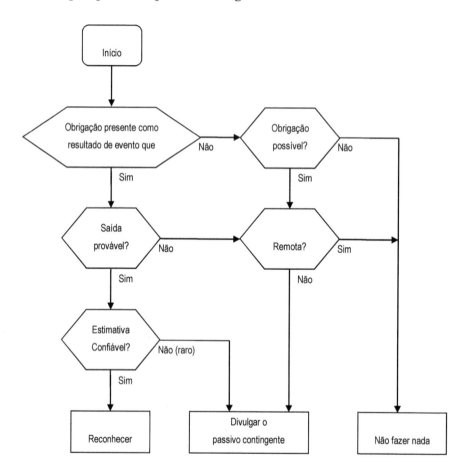

Nota: em casos raros, não é claro se há uma obrigação presente. Nesses casos, presume-se que um evento passado dá origem a uma obrigação presente se, levando em consideração toda a evidência disponível, é mais provável que sim do que não que existe obrigação presente na data do balanço (item 15 desse Pronunciamento Técnico).

APÊNDICE C

Exemplos: reconhecimento

Este apêndice é apenas ilustrativo e não faz parte do Pronunciamento Técnico.

Todas as entidades dos exemplos encerram suas demonstrações contábeis em 31 de dezembro. Em todos os casos, assume-se que uma estimativa confiável pode ser feita para quaisquer saídas esperadas. Em alguns exemplos, as circunstâncias descritas podem ter resultado em reduções ao valor recuperável de ativos – esse aspecto não é tratado nos exemplos.

As referências cruzadas fornecidas nos exemplos indicam itens do Pronunciamento Técnico que são particularmente relevantes.

As referências sobre a "melhor estimativa" se referem ao montante do valor presente, em que o efeito do valor do dinheiro no tempo é material.

Exemplo 1 – Garantia

Um fabricante dá garantias no momento da venda para os compradores do seu produto. De acordo com os termos do contrato de venda, o fabricante compromete a consertar, por reparo ou substituição, defeitos de produtos que se tornarem aparentes dentro de três anos desde a data da venda. De acordo com a experiência passada, é provável (ou seja, mais provável que sim do que não) que haverá algumas reclamações dentro das garantias.

Obrigação presente como resultado de evento passado que gera obrigação – O evento que gera a obrigação é a venda do produto com a garantia, o que dá origem a uma obrigação legal.

Saída de recursos envolvendo benefícios futuros na liquidação – Provável para as garantias como um todo (ver item 24).

Conclusão – A provisão é reconhecida pela melhor estimativa dos custos para consertos de produtos com garantia vendidos antes da data do balanço (ver itens 14 e 24).

Exemplo 2A – Terreno contaminado – é praticamente certo que a legislação será aprovada

Uma entidade do setor de petróleo causa contaminação, mas efetua a limpeza apenas quando é requerida a fazê-la nos termos da legislação de um país em particular no qual ela opera. O país no qual ela opera não possui legislação requerendo a limpeza, e a entidade vem contaminando o terreno nesse país há diversos anos. Em 31 de dezembro de 20X0 é praticamente certo que um projeto de lei requerendo a limpeza do terreno já contaminado será aprovado rapidamente após o final do ano.

Obrigação presente como resultado de evento passado que gera obrigação – O evento que gera a obrigação é a contaminação do terreno, pois é praticamente certo que a legislação requeira a limpeza.

Saída de recursos envolvendo benefícios futuros na liquidação – Provável.

Conclusão – Uma provisão é reconhecida pela melhor estimativa dos custos de limpeza (ver itens 14 e 22).

Exemplo 2B – Terreno contaminado e obrigação não formalizada

Uma entidade do setor de petróleo causa contaminação e opera em um país onde não há legislação ambiental. Entretanto, a entidade possui uma política ambiental amplamente divulgada, na qual ela assume a limpeza de toda a contaminação que causa. A entidade tem um histórico de honrar essa política publicada.

Obrigação presente como resultado de evento passado que gera obrigação – O evento que gera a obrigação é a contaminação do terreno, que dá origem a uma obrigação não formalizada, pois a conduta da entidade criou uma expectativa válida na parte afetada pela contaminação de que a entidade irá limpar a contaminação.

Saída de recursos envolvendo benefícios futuros na liquidação – Provável.

Conclusão – Uma provisão é reconhecida pela melhor estimativa dos custos de limpeza (ver itens 10 – a definição de obrigação não formalizada –, 14 e 17).

Exemplo 3 – Atividade de extração de petróleo

Uma entidade opera em uma atividade de extração de petróleo na qual seu contrato de licença prevê a remoção da perfuratriz petrolífera ao final da produção e a restauração do solo oceânico. Noventa por cento dos custos eventuais são relativos à remoção da perfuratriz petrolífera e a restauração dos danos causados pela sua construção, e dez por cento advêm da extração do petróleo. Na data do balanço, a perfuratriz foi construída, mas o petróleo não está sendo extraído.

Obrigação presente como resultado de evento passado que gera obrigação – A construção da perfuratriz petrolífera cria uma obrigação legal nos termos da licença para remoção da perfuratriz e restauração do solo oceânico e, portanto, esse é o evento que gera a obrigação. Na data do balanço, entretanto, não há obrigação de corrigir o dano que será causado pela extração do petróleo.

Saída de recursos envolvendo benefícios futuros na liquidação – Provável.

Conclusão: Uma provisão é reconhecida pela melhor estimativa de noventa por cento dos custos eventuais que se relacionam com a perfuratriz petrolífera e a restauração dos danos causados pela sua construção (ver item 14). Esses custos são incluídos como parte dos custos da perfuratriz petrolífera. Os dez por cento de custos que são originados a partir da extração do petróleo são reconhecidos como passivo quando o petróleo é extraído.

Exemplo 4 – Política de reembolso

Uma loja de varejo tem a política de reembolsar compras de clientes insatisfeitos, mesmo que não haja obrigação legal para isso. Sua política de efetuar reembolso é amplamente conhecida.

Obrigação presente como resultado de evento passado que gera obrigação – O evento que gera a obrigação é a venda do produto, que dá origem à obrigação não formalizada porque a conduta da loja criou uma expectativa válida nos seus clientes de que a loja irá reembolsar as compras.

Saída de recursos envolvendo benefícios futuros na liquidação – Provável, haja vista que bens, em certa proporção, são devolvidos para reembolso (ver item 24).

Conclusão – Uma provisão é reconhecida pela melhor estimativa dos custos de reembolso (ver itens 10 – a definição de obrigação não formalizada –, 14, 17 e 24).

Exemplo 5A – Fechamento de divisão – nenhuma implementação antes do fechamento do balanço

Em 12 de dezembro de 20X0, o conselho da entidade decidiu encerrar as atividades de uma divisão. Antes do fechamento do balanço (31 de dezembro de 20X0), a decisão não havia sido comunicada a qualquer um dos afetados por ela, e nenhuma outra providência havia sido tomada para implementar a decisão.

Saída de recursos envolvendo benefícios futuros na liquidação – Não há evento que gera obrigação e, portanto, não há obrigação.

Conclusão – Nenhuma provisão é reconhecida (ver itens 14 e 72).

Exemplo 5B – Fechamento de divisão – comunicação/ implementação antes do fechamento do balanço

Em 12 de dezembro de 20X0, o conselho da entidade decidiu encerrar as atividades de uma divisão que produz um produto específico. Em 20 de dezembro de 20X0, um plano detalhado para o fechamento da divisão foi aprovado pelo conselho; cartas foram enviadas aos clientes alertando-os para procurar uma fonte alternativa de fornecimento, e comunicações diversas sobre demissões foram enviadas para o pessoal da divisão.

Obrigação presente como resultado de evento passado que gera obrigação – O evento que gera a obrigação é a comunicação da decisão aos clientes e empregados, o que dá origem a uma obrigação não formalizada a partir dessa data, porque cria uma expectativa válida de que a divisão será fechada.

Saída de recursos envolvendo benefícios futuros na liquidação – Provável.

Conclusão – Uma provisão é reconhecida em 31 de dezembro de 20X0 pela melhor estimativa dos custos de fechamento da divisão (ver itens 14 e 72).

Exemplo 6 – Requerimento legal para a instalação de filtro de fumaça

De acordo com a nova legislação, a entidade é requerida a instalar filtros de fumaça nas suas fábricas até 30 de junho de 20X1. A entidade não fez a instalação dos filtros de fumaça.

(a) Em 31 de dezembro de 20X0, na data do balanço.

Obrigação presente como resultado de evento passado que gera obrigação – Não há obrigação porque não há o evento que gera a obrigação mesmo para os custos de instalação dos filtros de fumaça ou para as multas de acordo com a nova legislação.

Conclusão – Nenhuma provisão é reconhecida para os custos de instalação dos filtros de fumaça (ver itens 14 e 17 a 19).

(b) Em 31 de dezembro de 20X1, na data do balanço.

Obrigação presente como resultado de um evento passado que gera obrigação – Novamente não há obrigação para os custos de instalação dos filtros de fumaça porque nenhum evento que gera a obrigação ocorreu (a instalação dos filtros). Entretanto, uma obrigação pode surgir do pagamento de multas ou penalidades de acordo com a nova legislação, pois o evento que gera a obrigação ocorreu (a operação da fábrica em não-conformidade com a legislação).

Uma saída de recursos envolvendo benefícios futuros na liquidação – A avaliação da probabilidade de incorrência de multas e penalidades pela não-conformidade da operação depende dos detalhes da legislação e da severidade do regime de execução da lei.

Conclusão – Nenhuma provisão é reconhecida para os custos de instalação dos filtros de fumaça. Entretanto, uma provisão é reconhecida pela melhor estimativa de quaisquer multas ou penalidades que sejam mais prováveis de serem impostas (ver itens 14 e 17 a 19).

Exemplo 7 – Treinamento para atualização de pessoal como resultado de mudança na tributação do imposto de renda

O governo introduz certo número de mudanças na tributação do imposto de renda. Como resultado dessas mudanças, a entidade do setor financeiro irá necessitar de treinamento para atualização de grande número de seus empregados da área administrativa e de vendas para garantir a conformidade contínua com a regulação bancária. Na data do balanço, nenhum treinamento do pessoal havia sido feito.

Obrigação presente como resultado de evento passado que gera obrigação – Não há obrigação porque o evento que gera a obrigação (treinamento para atualização) não foi realizado.

Conclusão – Nenhuma provisão é reconhecida (ver itens 14 e 17 a 19).

Exemplo 8 – Contrato oneroso

Uma entidade opera de maneira lucrativa em uma fábrica arrendada conforme arrendamento operacional. Durante dezembro de 20X0, a entidade transfere suas operações para nova fábrica. O arrendamento da antiga fábrica ainda terá que ser pago por mais quatro anos, não pode ser cancelado e a fábrica não pode ser subarrendada para outro usuário.

Obrigação presente como resultado de evento passado que gera obrigação – O evento que gera a obrigação é a assinatura do contrato de arrendamento mercantil, que dá origem a uma obrigação legal.

Uma saída de recursos envolvendo benefícios futuros na liquidação – quando o arrendamento se torna oneroso, uma saída de recursos envolvendo benefícios econômicos é provável (até que o arrendamento mercantil se torne oneroso, a entidade contabiliza o arrendamento mercantil de acordo com o Pronunciamento Técnico CPC 06 – Operações de Arrendamento Mercantil).

Conclusão – Uma provisão é reconhecida pela melhor estimativa dos pagamentos inevitáveis do arrendamento mercantil (ver itens 5(c), 14 e 66).

Exemplo 9 – Garantia individual

Em 31 de dezembro de 20X0, a Entidade A dá garantia a certos empréstimos da Entidade B, cuja condição financeira naquele momento é sólida. Durante 20X1, a condição financeira da Entidade B se deteriora, e em 30 de junho de 20X1 a Entidade B entra em processo de recuperação judicial.

Esse contrato atende à definição de contrato de seguro de acordo com o Pronunciamento Técnico CPC 11 – Contratos de Seguro, mas está dentro do alcance do Pronunciamento Técnico CPC 38 – Instrumentos Financeiros: Reconhecimento e Mensuração, porque também atende à definição de contrato de garantia financeira do Pronunciamento Técnico CPC 38. Se o emissor previamente declarou explicitamente que trata tais contratos como contratos de seguro e tem utilizado a contabilidade aplicável a contratos de seguro, o emissor pode eleger aplicar tanto o CPC 38 quanto o CPC 11 em tais contratos de garantia. O Pronunciamento Técnico CPC 11 permite ao emissor continuar com as suas políticas contábeis existentes para contratos de seguro se determinados requisitos mínimos são atendidos. O Pronunciamento Técnico CPC 11 também permite mudanças em políticas contábeis que atendam a critérios específicos. O exemplo a seguir ilustra uma política contábil que o Pronunciamento Técnico CPC 11 permite e também está em conformidade com os requisitos do Pronunciamento Técnico CPC 38 com relação aos contratos de garantia financeira dentro do alcance do CPC 38.

(a) Em 31 de dezembro de 20X0

Obrigação presente como resultado de evento passado que gera obrigação – O evento que gera a obrigação é a concessão da garantia, que dá origem a uma obrigação legal.

Saída de recursos envolvendo benefícios futuros na liquidação – Nenhuma saída de benefícios é provável em 31 de dezembro de 20X0.

Conclusão – A garantia é reconhecida pelo valor justo.

(b) Em 31 de dezembro de 20X1

Obrigação presente como resultado de evento passado que gera obrigação – O evento que gera a obrigação é a concessão da garantia, que dá origem a uma obrigação legal.

Uma saída de recursos envolvendo benefícios futuros na liquidação – Em 31 de dezembro de 20X1, é provável que uma saída de recursos envolvendo benefícios econômicos futuros será requerida para liquidar a obrigação.

Conclusão – A garantia é posteriormente mensurada pelo maior dos seguintes valores: (a) a melhor estimativa da obrigação (ver itens 14 e 23), e (b) o valor inicialmente reconhecido menos, quando apropriado, a amortização acumulada de acordo com o Pronunciamento Técnico CPC 30 – Receitas.

Exemplo 10A – Caso judicial
Após um casamento em 20X0, dez pessoas morreram, possivelmente por resultado de alimentos envenenados oriundos de produtos vendidos pela entidade. Procedimentos legais são instaurados para solicitar indenização da entidade, mas esta disputa o caso judicialmente. Até a data da autorização para a publicação das demonstrações contábeis do exercício findo em 31 de dezembro de 20X0, os advogados da entidade aconselham que é provável que a entidade não será responsabilizada. Entretanto, quando a entidade elabora as suas demonstrações contábeis para o exercício findo em 31 de dezembro de 20X1, os seus advogados aconselham que, dado o desenvolvimento do caso, é provável que a entidade será responsabilizada.

(a) Em 31 de dezembro de 20X0

Obrigação presente como resultado de evento passado que gera obrigação – Baseado nas evidências disponíveis até o momento em que as demonstrações contábeis foram aprovadas, não há obrigação como resultado de eventos passados.

Conclusão – Nenhuma provisão é reconhecida (ver itens 15 e 16). A questão é divulgada como passivo contingente, a menos que a probabilidade de qualquer saída seja considerada remota (item 86).

(b) Em 31 de dezembro de 20X1

Obrigação presente como resultado de evento passado que gera obrigação – Baseado na evidência disponível, há uma obrigação presente.

Saída de recursos envolvendo benefícios futuros na liquidação – Provável.

Conclusão – Uma provisão é reconhecida pela melhor estimativa do valor necessário para liquidar a obrigação (itens 14 a 16).

Exemplo 11 – Reparo e manutenção

Alguns ativos necessitam, além de manutenção de rotina, de gastos substanciais a cada período de alguns anos, para reparos ou reformas principais e a substituição de componentes principais. O Pronunciamento Técnico CPC 27 – Ativo Imobilizado fornece orientação para a alocação de desembolsos com um ativo aos seus componentes quando esses componentes possuem vidas úteis diferentes ou fornecem benefícios em um padrão diferente.

Exemplo 11A – Custo de reforma – não há requisito legal

Um forno possui um revestimento que precisa ser substituído a cada cinco anos por razões técnicas. Na data do balanço, o revestimento foi utilizado por três anos.

Obrigação presente como resultado de evento passado que gera obrigação – Não há obrigação presente.

Conclusão – Nenhuma provisão é reconhecida (ver itens 14 e 17 a 19).

O custo de substituição do revestimento não é reconhecido porque, na data do balanço, não há obrigação de substituir o revestimento existente independentemente das ações futuras da companhia – mesmo que a intenção de incorrer no desembolso dependa da decisão da companhia de continuar operando o forno ou de substituir o revestimento. Ao invés de uma provisão ser reconhecida, a depreciação do revestimento leva em consideração o seu consumo, ou seja, é depreciado em cinco anos. Os custos do novo revestimento, quando incorridos, são capitalizados e o consumo de cada novo revestimento é capturado pela depreciação ao longo dos cinco anos subsequentes.

Exemplo 11B – Custo de reforma – há requisito legal

Uma companhia aérea é requerida por lei a vistoriar as suas aeronaves a cada três anos.

Obrigação presente como resultado de evento passado que gera obrigação – Não há obrigação presente.

Conclusão – Nenhuma provisão é reconhecida (ver itens 14 e 17 a 19).

Os custos de vistoria da aeronave não são reconhecidos como provisão pelas mesmas razões de não-reconhecimento de provisão para os custos de substituição do revestimento do exemplo 11A. Mesmo o requisito legal para realizar a vistoria não torna os custos de vistoria um passivo, porque nenhuma obrigação existe para vistoriar a aeronave, independentemente das ações futuras da entidade – a entidade poderia evitar os desembolsos futuros pelas suas ações futuras, por exemplo, mediante a venda da aeronave. Ao invés da provisão ser reconhecida, a depreciação da aeronave leva em consideração a incidência futura de custos de manutenção, ou seja, um valor equivalente aos custos de manutenção esperados é depreciado em três anos.

APÊNDICE D – EXEMPLOS: DIVULGAÇÃO

Este apêndice é apenas ilustrativo e não faz parte do Pronunciamento Técnico.

Dois exemplos de divulgações requeridas pelo item 85 são fornecidos abaixo.

Exemplo 1 – Garantia

Um fabricante dá garantia no momento da venda aos clientes de suas três linhas de produtos. De acordo com os termos da garantia, o fabricante se responsabiliza pelo reparo ou substituição de itens que não funcionem adequadamente por dois anos a partir da data da venda. Na data do balanço, uma provisão de $ 60.000 foi reconhecida. A provisão não foi descontada, pois o efeito do desconto não é material. A seguinte informação é divulgada:

Uma provisão de $ 60.000 foi reconhecida para as reclamações esperadas relativas às garantias de produtos vendidos durante os últimos três anos. Espera-se que a maioria desse desembolso seja incorrida no próximo ano, e a totalidade será incorrida dentro de dois anos após a data do balanço.

Exemplo 2 – Custo de desmontagem

Em 2000, uma entidade envolvida em atividades nucleares reconhece uma provisão para custos de desmontagem de $ 300 milhões. A provisão é estimada usando a premissa de que a desmontagem irá ocorrer daqui a um período de 60 a 70 anos. Entretanto, há a possibilidade de que a desmontagem não irá ocorrer daqui até o período de 100 a 110 anos, e nesse caso o valor presente dos custos será significativamente reduzido. A informação seguinte é divulgada:

Uma provisão de $ 300 milhões foi reconhecida para custos de desmontagem. Espera-se incorrer nesses custos entre 2060 e 2070; entretanto, há a possibilidade de que a desmontagem não ocorrerá antes de 2100–2110. Se os custos fossem mensurados baseados na expectativa de que eles não incorreriam até antes de 2100–2110, a provisão seria reduzida para $ 136 milhões. A provisão foi estimada utilizando a tecnologia hoje existente, a preços correntes, e descontada utilizando a taxa de desconto real de 2% a.a.

Um exemplo é dado a seguir para as divulgações requeridas pelo item 92 em que algumas das informações requeridas não são dadas, pois pode prejudicar seriamente a posição da entidade.

Exemplo 3 – Dispensa de divulgação
Uma entidade está envolvida em disputa com um concorrente, que está alegando que a entidade infringiu patentes e está reclamando indenização de $ 100 milhões. A entidade reconhece uma provisão pela sua melhor estimativa da obrigação, mas não divulga nenhuma informação requerida pelos itens 84 e 85 do Pronunciamento Técnico. A seguinte informação é divulgada:

Uma ação está em processo contra a companhia relativa a uma disputa com um concorrente que alega que a companhia infringiu patentes e está reclamando indenização de $ 100 milhões. A informação usualmente requerida pelo Pronunciamento Técnico CPC 25 – Provisões, Passivos Contingentes e Ativos Contingentes não é divulgada porque isso pode prejudicar seriamente o resultado da ação. Os administradores são da opinião de que o processo pode ser concluído de forma favorável à companhia.

REFERÊNCIAS

ADAMEK, Marcelo Vieira Von. **Responsabilidade civil dos administradores de S/A e ações correlatas**. São Paulo: Editora Saraiva, 2009.

ALLEN, Franklin; BREALEY, Richard; MYERS, Stewart. **Principles of corporate finance**. 10.ed., New York: McGrall-Hill Irwin, 2011.

ALMEIDA, Marcelo Cavalcanti; ALMEIDA, Rafael Jachelli. **Regulamentação fiscal das normas contábeis do IFRS e CPC**. São Paulo: Editora Atlas, 2015.

ANDRADE FILHO, Edmar Oliveira. **O direito contábil**. São Paulo: Prognose Editora, 2010.

ANTUNES, Maria Thereza Pompa et al. **A adoção no Brasil das normas internacionais de contabilidade IFRS**: o processo e seus impactos na qualidade da informação contábil. São Paulo: Revista de Economia & Relações Internacionais., volume 10, número 20, de Janeiro de 2012., da Faculdade de Economia da FAAP – Fundação Armando Alves Penteado.

AVALOS, José Miguel Aguilera. **Auditoria e gestão de riscos**. São Paulo: Editora Saraiva, 2009.

BAINBRIDGE, Stephen. **Corporation law and economics**. New York: Foundation Press, 2002.

BARROS, Adilson de et al. **Contabilidade na prática**. São Paulo: Trevisan Editora, 2014.

BERNHOEFT Contadores. **O fim do possível, provável e remoto**, de 10 de dezembro de 2009. Disponível em: <http://www.bernhoeft.com.br/o-fim-do-possivel-provavel-e-remoto/>. Acesso em: 15 nov. 2014.

COFFEE, John C. **A theory of corporate scandals: why the U.S. and Europe Differ**, de Março de 2005. Columbia Law and Economics Working Paper No. 274. Disponível em: <http://ssrn.com/abstract=694581>. Acesso em: 15 nov. 2014.

COMISÃO DE VALORES MOBILIÁRIOS, **Ofício-circular/CVM/SNC/SEP/nº 01/2013**, de 8 de fevereiro de 2013. Disponível em: <http://www.cvm.gov.br/export/sites/cvm/legislacao/circ/snc-sep/anexos/oc-snc-sep-0113.pdf>. Acesso em: 5 jun. 2015.

COUTINHO, Atimo de Souza e outros. **Contabilidade financeira**. 2.ed. Rio de Janeiro: Editora FGV, 2010.

CPC, Conteúdo institucional. **Conheça o CPC**. Disponível em: <http://www.cpc.org.br/CPC/CPC/Conheca-CPC>. Acesso em: 10 dez. 2014.

DA COSTA, Adilson Duarte. **A segregação de funções como postulado básico do** controle interno administrativo e a confiabilidade das demonstrações contábeis. Disponível em: <http://www.etecnico.com.br/paginas/mef22868.htm>. Acesso em: 10 out. 2014.

DINIZ, Josedilson Alves, MARTINS, Eliseu e MIRANDA, Gilberto José. **Análise avançada das demonstrações financeiras contábeis. Uma abordagem crítica.** São Paulo: Editora Atlas, 2012.

DINIZ, Maria Helena. **Compêndio de introdução ao estudo do direito.** 15.ed. São Paulo: Editora Saraiva, 2003.

DI PIETRO, Maria Sylvia Zanella. **Direito administrativo.** 24.ed. São Paulo: Editora Atlas, 2011.

ENGLER, Mario. **Pesquisa jurídica no mestrado profissional**, de 17 de junho de 2015. Texto em elaboração (*working paper*), acesso cedido pelo autor.

EPSTEIN, Barry J; e MIRZA, Abbas Ali. **IFRS – interpretation and application of international accounting and financial reporting standards.** Somerset: Wiley, 2005.

ESCUDER, Sérgio Antônio Loureiro. **Governança corporativa e o conselho fiscal.** São Paulo: LCTE Editora, 2008.

FERNANDES, Edison Carlos; RIDOLFO NETO, Arthur. **Contabilidade aplicada ao direito.** São Paulo: Editora Saraiva, 2014.

____ **Direito e contabilidade. Fundamentos do direito contábil.** São Paulo: Trevisan Editora, 2015.

____ **Direito Contábil (fundamentos, conceito, fontes e relação com outros "ramos" jurídicos).** São Paulo: Editora Dialética, 2013.

FERREIRA, Aurélio Buarque de Holanda. **Novo dicionário aurélio de língua portuguesa.** 3.ed. Curitiba: Editora Positivo, 2004.

GARCIA, Gustavo Filipe Barbosa. **Novo código de processo civil: lei 13.105/2015.** V.1. Rio de Janeiro: Editora Forense, 2015

GRECO FILHO, Vicente. **Direito processual brasileiro**, v.1. 18.ed. São Paulo: Editora Saraiva, 2005.

HÁFEZ, Andréa. **Classificação de risco de processos traz impacto aos dividendos**, de 1º de janeiro de 2008. Espaço Jurídico BM&FBOVESPA. Disponível em: < http://www2.bmf.com.br/cim/Consulta_ResultadoInternet.asp?sAssunto=>. Acesso em: 15 jun. 2015.

IFRS, Conteúdo Institucional. **Who we are and what we do**, de Janeiro de 2014. Disponível em: <http://www.ifrs.org/About-us/Pages/Who-We-Are.aspx>. Acesso em: 5 dez. 2014.

International Association of Certified Accountants and Financial Managers. **IFRS para auditores, SOX, controles internos e sistemas.** Reino Unido: Watson Publishers, 2013.

IUDÍCIBUS, Sérgio de; MARION, José Carlos. **Curso de contabilidade para não contadores.** 3.ed. São Paulo: Editora Atlas, 2000.

IUDÍCIBUS, Sérgio de *et al.* **Manual de contabilidade das sociedades por ações.** 6.ed. São Paulo: Editora Atlas, 2006.

IUDÍCIBUS, Sérgio de *et al.* **Manual de contabilidade societária**: aplicável a todas as sociedades. São Paulo: Editora Atlas, 2010.

IUDÍCIBUS, Sérgio de. **Teoria da contabilidade.** 10.ed. São Paulo: Editora Atlas, 2010.

JOHNSTON, Giles. **Effective SOPs: make your standard operating procedures help your business become more productive.** The Business Productivity Series Book 6: eBook Kindle, 2013.

REFERÊNCIAS

KNOBLAUCH, Sizabelle Cocco Alves Von. **Um estudo acerca da evidenciação das contingências nas maiores empresas de capital aberto do brasil**. Disponível em: <https://repositorio.ufsc.br/handle/123456789/120765>. Acesso em 10 dez. 2014.

LAMY FILHO, Alfredo; BULHÕES PEDREIRA, Jose Luiz. **Direito das companhias**. Tomo I. Rio de Janeiro: Editora Forense, 2009.

LEITE, Carlos Eduardo Barros. **A evolução das ciências contábeis no brasil**. Rio de Janeiro: Editora FGV, 2005.

LOBO, Carlos Augusto da Silveira. **As demonstrações financeiras das sociedades anônimas**. Rio de Janeiro: Editora Renovar, 2001.

LONGO, Cláudio Gonçalo. **Manual de auditoria e revisão de demonstrações financeiras**. a3.ed. São Paulo: Editora Atlas, 2015.

LOPES DE SÁ, Antônio; e LOPES DE SÁ, Ana Maria. **Dicionário de contabilidade**. 11.ed. São Paulo: Editora Atlas, 2009.

MARION, José Carlos. **Contabilidade empresarial**. 10.ed. São Paulo: Editora Atlas, 2003.

MARTINS, Eliseu; DINIZ; Josedilton Alves; MIRANDA, Gilberto José. **Análise detalhada das demonstrações contábeis: uma abordagem crítica**. São Paulo: Editora Atlas, 2012.

MATTOS FILHO, Ary Oswaldo; PRADO, Viviane Muller. **Tentativas de desenvolvimento do mercado acionário brasileiro desde 1964**" *In* Agenda contemporânea: Direito e Economia. LIMA, Maria L. Pádua (Coord.), São Paulo: Editora Saraiva, 2012.

MCMANUS, Kieran John. **IFRS – implementação das normas internacionais de contabilidade e da lei n. 11.638 no brasil: Aspectos práticos e Contábeis relevantes**. São Paulo: Quartier Latin, 2009.

MEZZAROBA, Orides; MONTEIRO, Claudia Servilha. **Manual de metodologia da pesquisa no direito**. 5.ed. São Paulo: Editora Saraiva, 2009.

MORAES JUNIOR, José Jayme. **Contabilidade geral**. 4.ed. São Paulo: Elsevier Editora, 2013.

NUNES, Fabiana Barreto. **Empresas têm de reservar R$ 1,3 tri para atender pleitos**, de 18 de Agosto de 2014. Disponível em: <http://www2.4mail.com.br/Artigo/Display/034642000000000>. Acesso em: 15 nov. 2014.

OLIVEIRA, Gustavo Pedro. **Contabilidade tributária**. 2.ed. Sao Paulo: Editora Saraiva, 2008.

PADOVEZE, Clóvis Luís. **Sistema de informações contábeis: Fundamentos e Análise**. 7.ed. São Paulo: Editora Atlas, 2015.

PADOVEZE, Clóvis Luis; BENEDICTO, Gideon Carvalho de; LEITE, Joubert da Silva Jerônimo. **Manual de contabilidade internacional IFRS – USGAAP – BRGAAP: Teoria e Prática**. São Paulo: Cengage Learning, 2012.

PARENTE, Flávia. **O dever de diligência dos administradores de sociedades anônimas**. São Paulo: Editora Renovar, 2005.

REIS, Arnaldo. **Demonstrações contábeis: estrutura e análise**. 3.ed. São Paulo: Editora Saraiva, 2014.

RIBEIRO, Antônio de Cístolo. **Provisões, contingências e normas contábeis: um estudo de gerenciamento de resultados com contencioso legal no brasil**, de 2012. Disponível em: <http://www.teses.usp.br/teses/disponiveis/96/96133/tde-17052012-114448/pt-br.php>. Acesso em: 15 jun. 2015.

RODRIGUES, Adriano; GOMES, Josir Simeone. **Contabilidade empresarial**: textos e casos sobre CPC e IFRS. São Paulo: Elsevier Editora, 2014.

RODRIGUEZ, José Rodrigo. **Como decidem as cortes?** Para uma crítica do direito (brasileiro). Rio de Janeiro: Editora FGV, 2013.

SHENG, Hsia Hua (org) *et al.* **Introdução às finanças empresariais**. São Paulo: Editora Saraiva, 2012.

SILVA, Alexandre Alcantara da. **Estrutura, análise e interpretação das demonstrações financeiras**. 4.ed. São Paulo: Editora Atlas, 2014.

SILVA, Edson Cordeiro da. **Governança corporativa nas empresas**. 3.ed. São Paulo: Editora Atlas, 2012.

SILVA JUNIOR, José Barbosa da. **Contabilidade em segmentos específicos e outros**. São Paulo: Editora Atlas, 2000.

THEODORO JUNIOR, Humberto. **Curso de direito processual civil**: teoria geral do direito processual civil e processo de conhecimento. Rio de Janeiro: Editora Forense, 2014.

TORRES, Fernando. **Ambiente jurídico do país facilita gerenciamento de resultados**. Ambiente Jurídico do País Facilita Gerenciamento de Resultados, de 5 de outubro de 2012. Jornal Valor Econômico.

TORRES, Heleno Taveira. **Limites à modificação da jurisprudência consolidada**, de 30 de janeiro de 2013. Disponível em: <http://www.conjur.com.br/2013-jan-30/consultor-tributario-limites-modificacao-jurisprudencia-consolidada>. Acesso em: 5 jan. 2016.

VENOSA, Sílvio de Salvo. **Direito civil: parte geral**. Tomo I. 5.ed. São Paulo: Editora Atlas, 2005.

YAZBEK, Otávio. **Regulação do mercado financeiro e de capitais**. São Paulo: Campus Elsevier, 2010.

ÍNDICE

SUMÁRIO	9
INTRODUÇÃO	11
1. CONCEITOS FUNDAMENTAIS PARA COMPREENSÃO DO TEMA	17
2. AS PROVISÕES NO CONTEXTO DO DIREITO SOCIETÁRIO E DA GOVERNANÇA CORPORATIVA	31
3. ANÁLISE DAS NORMAS DE PROVISIONAMENTO	45
4. ANÁLISE CRÍTICA DAS NORMAS E PRÁTICAS DE PROVISIONAMENTO	63
5. PROPOSTAS DE BOAS PRÁTICAS DE PROVISIONAMENTO	93
CONCLUSÕES	101
ANEXO ÚNICO – PRONUNCIAMENTO TÉCNICO CPC 25	105
REFERÊNCIAS	145